유학자가 풀어본 천부경

천부경정해

유학자가 풀어본 천부경

신상철 지음

一始無始一析三極無盡本天一一地一二人一三一積十鉅無匱化三天二三地二三人二三大三合六生七八九運三四成環五七一妙衍萬往萬來用變不動本本心本太陽昂明人中天地一一終無終一

오랜기억

신상철申尙澈

西紀 1957年生.
號는 벽운(碧雲), 단사(丹史), 월주(月舟).
청주 미호중학교, 청주 운호고등학교, 청주대학교 경상대학 경영과 졸업.
성균관대학교 유학대학원 서예전문가과정 1년 수료.
충북서예협회 회원.
청주한시회 회원.
現 미호고문연구실(渼湖古文硏究室) 주인.

儒學者가 풀어본 天符經

제1판 제1쇄 발행   2023년 11월 22일

지은이	신상철
펴낸이	허재식
펴낸곳	오랜기억
주소	[28042] 충청북도 괴산군 소수면 민들레마을길 58.
전화	043-832-1866
전송	0504-241-1866
전자우편	gb@gobanbooks.com
홈페이지	www.gobanbooks.com
블로그	blog.naver.com/gobanbooks
출판신고	제446-251002017000042호(2017년 4월 4일)

© 신상철, 2023
ISBN   979-11-960769-6-2 (03250)

책값은 뒤표지에 표시되어 있습니다.
저자와 협의하여 인지는 생략합니다.
이 책 내용의 전부 또는 일부를 재사용하려면 반드시 지은이와 오랜기억 양측의 동의를 받아야 합니다.

'오랜기억'은 '고반'의 종합출판 임프린트입니다.

【序言】

중니현몽기 仲尼現夢記

2020년 1월에 전 세계에 코로나바이러스감염증-19가 확산되면서 우리나라 보건 위기경보 수준도 최고 단계인 심각으로 격상했다. 우리나라 전역이 긴장하고 있을 즈음에, 특정 종교 집단을 통한 감염자가 급증하는 상황이 발생하기도 했다. 2021년 새해 벽두까지도 이러한 바이러스의 여파로 전 세계가 신통한 치료제나 백신도 없이 속수무책으로 당하고만 있었다.

이 무렵, 옛 경전을 보며 이따금 한시를 짓는 것으로 심신을 즐기고 있었다. 그리고 날이 어두워지면 재미삼아 유튜브를 틀어 음악을 듣곤 했는데, 어느 날엔가는 우순실 님의 '천부경'이라는 구성진 노랫가락을 들었다. 쉬운 한자 81자로 구성된 구절에는 『주역』 상수역에서나 등장하는 수리가 보였고, 구절 글귀에는 『시경』의 냄새가 났다. 또한 우리 무속신앙에서나 볼 수 있는 주문처럼 알듯말듯한 글로 나열되어 있었는데, 이러한 점들이 흥미진진했다.

이 간단한 천부경 81자를 좀 더 자세히 알려고 들어가 보았는데, 알면 알수록 더욱 미궁으로 빠져 버려 도리어 호기심과 신비감을 느꼈다. 그래서 천부경과 관련된 문헌들을 뒤적이는 눈동냥을 하고, 유튜브와 같은 영상매체로 듣는 귀동냥을 했지만, 밤을 새워 그려봤던 천부경에 대한 상상도와는 아주 다른 점이 보였다.

천부경에 대한 간절함이 깊어서일까, 2021년 10월 26일 새벽에 꿈을 꾸었는데, 어떤 점잖은 노인이 나타나서 환한 얼굴로 진초록 색깔의 파카(PARKER) 고급 만년필을 손수 건네주었다. 원래 파카 만년필은 어린 시절 선친께서 즐겨 쓰셨던 필기구 중 하나였기 때문에 뇌리에 분명하게 자리 잡고 있었다. 그리고 꿈속 노인의 생김새를 곰곰이 되짚어 보니, 어쩌면 공자님이 아닐까 하는 기분이 묘하게 들었다. 공자님께서는 평생 일념으로 삼으신 '술이부작述而不作 신이호고信而好古'의 정신으로 『주역周易』의 〈십익十翼〉을 지으셨다. 그와 같이 천부경을 바르게 풀어서 기록을 남기라는 암시로 이 꿈을 '현몽부촉現夢咐囑'으로 받아들였다.

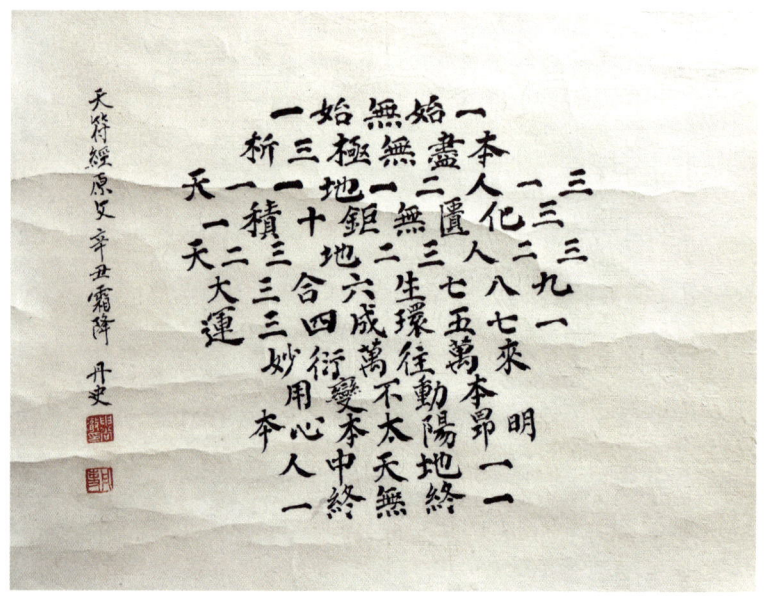

천부경의 원고 정리에 앞서 2021년(辛丑年)에 마음이 흔들리지 않으려고 좌우명으로 써서 걸어 놓았다.

作因天符經之新年
천부경과 인연이 된 2022 신년

壬寅世紀吉祥元	임인2022는 단기·불기·서기 모두가 길상의 해로
檀佛西年雙數門	4355·2566·2022 쌍수로 마주하는 보기 드문 해라.
周易二分河洛位	주역은 음양팔괘 원리로 하도 낙서에 자리를 잡고
天符三析太無源	천부경은 음태극·무극·양태극으로 삼재에 근원을 삼는다.
靜觀萬物空貪欲	우주 만물의 세계를 조용히 관조하며 탐욕을 비우고
修理一身脫暗昏	내 한 몸 수의 이치를 닦아 어둠의 세계를 벗고 싶구나.
順逆返本通上敎	순역반본 원리에 의한 천상세계의 가르침에 도통하니
人中天地一言溫	천부경 인중천지일 다섯 자가 가슴에 온기를 부른다.

2022년은 단기4355년·불기2566년·서기2022·유기2573년이 되는 해로, 55·66·22와 73이라는 숫자 모두가 무극수無極數를 이루는 보기 드문 해이다. 그래서 2022년 임인년을 맞아 아래와 같은 새해 기념 한시를 지었다. 천부경에서는 쌍수雙數가 우주 만물 순환원리의 수리 이치상 0이자 무극無極인데, 2022년은 음태극陰太極·양태극陽太極이 공空인 무극세계無極世界에서 합일분일合一分一의 교차交叉가 된다는 것을 깨닫고 지었다.

그리고 2022년 5월에는 『정역正易』을 지으신 김일부 선생의 수도처인 계룡산 국사봉에 올랐다. 국사봉 정상에 오르니, 하늘에 영롱한 무지개가 구름과 같이 오랫동안 펼쳐져 있었다. 이 무지개는 다양한 빛깔과 형태로 변하면서 신비로운 장관을 연출했다. 그래서 천부경을 정확하게 풀어보겠다는 다짐을 더욱더 굳혔다.

2023년 10월

단사丹史 신상철申尙澈

김일부 선생의 수도처인 계룡산 국사봉에 올라 바라본 무지개.

목차 天符經正解 儒學者가 풀어본 天符經

5   序言 | 중니현몽기仲尼現夢記
12   도표 목록

15   제1장   천부경 내력天符經來歷

17   제2장   천부경 진위쟁론眞僞爭論

23   제3장   천부경 세 가지 해설본 비교解說本比較
24   1. 단군전檀君殿 선도문화 천부경
26   2. 국학원國學院 선도문화 천부경
27   3. 증산도甑山道 선도문화 천부경
29   4. 천부경 해설 본평解說本評

31   제4장   천부경 단사정해丹史正解
32   1. 단사丹史의 정해설正解說
34   2. 단사丹史의 오언한시작해설五言漢詩作解說
34   (1) 無字則無極 무자즉무극
35   (2) 一始無始一 일시무시일
35   (3) 析三極無 석삼극무
35   (4) 盡本 진본
36   (5) 天一一 地一二 人一三 천일일 지일이 인일삼

36	(6) 一積十鉅無匱化三 일적십거무궤화삼
36	(7) 天二三 地二三 人二三 천이삼 지이삼 인이삼
37	(8) 大三合六 대삼합육
37	(9) 生七八九 생칠팔구
37	(10) 運三四成 운삼사성
38	(11) 環五七一 환오칠일
38	(12) 妙衍 묘연
38	(13) 萬往萬來用變不動本 만왕만래용변부동본
39	(14) 本心本太陽 본심본태양
39	(15) 昻明 앙명
39	(16) 人中天地一 인중천지일
40	(17) 一終無終一 일종무종일

41	제5장 최치원의 천부경해역天符經解譯 분석
42	1. 一始無始一 析三極無盡本
45	2. 天一一 地一二 人一三
49	3. 一積十鉅無匱化三
52	4. 天二三 地二三 人二三
53	5. 大三合六 生七八九
56	6. 運三四成環五七一 妙衍
59	7. 萬往萬來用變不動本
62	8. 本心本太陽 昻明
64	9. 人中天地一 一終無終一

69	제6장　천부경 단사완해丹史完解
69	1. 완해전문完解全文
72	2. 완해보충完解補充
72	(1) 一始無始一, 析三極無盡本
76	(2) 天一一 地一二 人一三, 一積十鉅無匱化三, 天二三 地二三 人二三
79	(3) 大三合六生七八九
87	(4) 運三四成環五七一, 妙衍
103	(5) 萬往萬來用變不動本
104	(6) 本心本太陽, 昂明
105	(7) 人中天地一, 一終無終一

111	제7장　천부경종론시天符經終論詩
111	1. 초감천부경시初感天符經詩
112	2. 천부경종론시天符經終論詩

115	글을 마치며　｜　단사이력丹史履歷
115	1. 단사사실丹史事實
116	2. 단사행적丹史行蹟

119	참고문헌

| 도표 목록 |

도표 1	낙서구궁도로 도출한 음태극·무극·양태극	46
도표 2	『주역』의 하도(河圖)	50
도표 3	천(天), 이(二)·삼(三) / 지(地), 이(二)·삼(三) / 인(人), 이(二)·삼(三)	52
도표 4	낙서구궁도(洛書九宮圖)	54
도표 5	낙서구궁도로 본 음태·양태 생성 수	55
도표 6	『주비산경』을 통한 오칠일묘연(五七一 妙衍) 풀이	58
도표 7	순역(順逆) 풀이	66
도표 8	중앙 수 六(6)을 기준한 순역 풀이	67
도표 9	십일귀체도(十一歸體圖)	73
도표 10	천부경수리차서도(天符經數理次序圖)	78
도표 11	6의 배수로 9를 도출하는 과정 설명	84
도표 12	정역팔괘도(正易八卦圖), 연산역(連山易), 귀장역(歸藏易), 문왕팔괘도(文王八卦圖)	93
도표 13	문왕팔괘도(文王八卦圖), 정역팔괘도(正易八卦圖), 용담팔괘도(龍潭八卦圖)	100
도표 14	인중천지일(人中天地一) 설명	106
도표 15	십일귀체로 표현한 종교의 무극세계관	108

〈天符經〉, 申尙澈, 2023.

제1장
천부경 내력 天符經來歷

　천부경天符經은 인류 최초 경전으로서 세상에 나타난 때가 적어도 6천여 년 전으로 거슬러 올라가고도 남는다고 한다. 우리 민족이 본래 단군의 천손으로 처음으로 문자를 사용한 문화의 민족임을 보여주는 중요한 자료가 되기도 한다.

　상고시대上古時代의 기록서인 『환단고기桓檀古記』에 의하면, 천부경은 천제 환인의 환국 때부터 구전되어 온 글로 환웅대성존께서 하늘의 뜻을 받들어 내려오신 뒤에 신지혁덕神誌赫德에게 명하여 이를 녹도문鹿圖文으로 기록하게 하셨는데, 고운孤雲 최치원崔致遠이 일찍이 신지의 전고비篆古碑를 보고 다시 첩으로 만들어 전하였다.[天符經天帝桓國口傳之書也桓雄大聖尊天錄後命神誌赫德以文記之崔孤雲致遠亦嘗見誌篆古碑更復而傳於世者也. (『桓檀古記』 참고)]

　이는 신라시대 대학자였던 최치원(857년~미상)이 천부경을 한문으로 썼다는 내용을 담고 있다. 최치원은 불교佛敎를 받아들였던 통일신라시대의 유학자儒學者였다. 그가 남겼다는 한문 천부경은 이후 불교국가佛敎

國家인 고려시대를 지나 유교국가儒敎國家인 조선을 거치며 거의 사라질 뻔했다. '녹도문'으로 쓰였던 천부경을 최치원이 한문으로 작성한 것이 오늘날까지 약 1,100여 년의 세월을 숨어 있다가 우리 손에 나타나 전해진 것이다.

이 『환단고기』 내 「태백일사太白逸史」의 〈소도경전본훈蘇塗經典本訓〉에도 천부경 81자가 나온다. 그런데 천부경을 주로 종교철학 쪽으로 풀고 있는 경향이 우세하다. 현재 천부경에 대한 다양한 해석들은 원래 천부경이 담고 있는 본의를 잃고 있다고 본다.

천부경은 동방의 유일한 사상서인 역학易學을 원칙으로 삼아 풀어내야 한다. 왜냐하면 역학, 즉 주역周易이 음陰·양陽이라는 이분법二分法 순환과정을 담고 있는 것과 같이, 천부경은 음태극陰太極·무극無極·양태극陽太極이라는 삼분법三分法 순환과정을 담고 있기 때문이다. 그럼에도 너무나 쉽게 종교철학식으로 풀어 보려다 보니 사람마다 너무나 다양한 해석에서 본의를 잃게 되었다.

제2장
천부경 진위쟁론眞僞爭論

첫째, 최치원의 후손인 최국술崔國述이 금석문과 여러 책에 남아 있는 최치원의 문장을 모아 1926년에 『고운집孤雲集』을 냈는데, 여기에 〈단전요의檀典要義〉라는 제목 아래에 천부경전이 들어가 있다. 지금과 멀지 않은 일제강점기 때 발간이 되었고, 출처의 관계에서 진위眞僞 요소가 제공되었다.

둘째, 신라의 문인이자 당나라 유학파인 대학자 최치원이 천부경의 중요성을 알고 묘향산 바위에 새겼던 것을 1916년에 운초雲樵 계연수桂延壽[1]가 발견해 지금까지 내려왔다고 한다. 최치원이 직접 각자를 했는지,

---

1 계연수(1864~1920): 호 운초(雲樵), 민족사학자, 독립운동가. 선천(宣川)에서 태어나 조실부모하고 수련하면서 환단(桓檀)의 고서와 신교(神敎) 철학서를 널리 수집하였다. 1898년 〈태백진훈〉, 〈단군세기〉를 간행하고 1899년 〈참전계경〉, 〈태백일사〉, 〈천부경요해〉를 간행하였으며, 1911년 암함노의 〈삼성기〉, 원동중의 〈삼성기〉, 이암의 〈단군세기〉, 범세동의 〈북부여기〉, 이맥의 〈태백일사〉를 합편하여 『환단고기』를 간행하였다. 1916년 9월 9일 묘향산 석벽에서 〈천부경〉을 탁본하여 이것을

계연수가 실존의 인물인지 기존 사학계에서 사실관계의 진위가 아직도 양분되어 내려오고 있다. 그러나 천부경이 최치원 선생의 손을 거쳐 지금에까지 기록되어 보존되어 왔고, 우리 민족의 역학에 대한 시원始元이 서기전 상고시대로 올라가는 중요한 단서端緒가 된다.

셋째, 1천여 년 세월이 지난 지금 최치원 선생의 〈천부경해天符經解〉를 참조하면, 역학에 대한 식견識見을 의심하지 않을 수가 없다. 최소한 6천 년 전에 존재하였고, 구술口述에서 문자로 이어 전해 왔다는 천부경의 해의解義가 3천 년 후에나 기록된 유儒·불佛·선仙의 이론을 첨가하여 풀었다는 것에서 역학에 대한 최치원의 수준을 볼 수가 있다.

최치원으로부터 1,100년이 지난 후에 태어난 후인後人으로서 고운 선생의 천부경 오역을 지적해야 하나 하는 무거운 마음에 정읍井邑 무성서원武城書院을 찾아 선생의 화상畫像에 삼배를 드렸다. 최치원 선생께서 가야산에서 지으신 〈제가야산독서당題伽倻山讀書堂〉[2]의 巒, 間, 山의 운자韻字를 빌려 칠언절구의 시로 후인의 예를 표하고자 한다.

1917년 1월 단군교 교당으로 보냈다. 이것이 1920년 〈정신철학통편〉과 1921년 단군교 기관지인 《단탁(檀鐸)》에 게재되면서 천부경이 세간에 널리 알려지게 되었다. (환단학회)

2   題伽耶山讀書堂(제가야산독서당)
狂奔疊石吼重巒   미친 듯 바위에 부딪치며 산을 보고 포효하니
人語難分咫尺間   지척 간의 사람의 소리도 알아듣기 어려워라.
常恐是非聲到耳   세상의 시비하는 소리 귀에 들릴까 저어해서
故教流水盡籠山   일부러 물을 흘려보내 산을 감싸게 하였다네.
(이상현 역, 『고운집(孤雲集)』, 한국고전번역원, 2009. https://db.itkc.or.kr)

拜守天經

천부경을 지켜주심에 경배를 드린다

嚴父養兒高似巒   엄한 아버지의 자식 양육의 뜻이 산처럼 높아
靑雲大志濟海間   청운의 큰 뜻을 품고 바다 건너 당나라에 유학했다.
雞林燭火勢微恨   신라를 밝힌 촛불의 기세가 쇠미해지는 한탄에
恐絶天經刻妙山   천부경전이 끊어질까 두려워 묘향산에 새겨 전했네.

[2022년 10월 30일 단사자음(丹史自吟)]

넷째, 천부경의 81자가 녹도문자鹿圖文字로 기록되어 전하여 왔다. 중국의 갑골문자甲骨文字는 서기전 1600년경에 세워진 상商나라에서 시작된 문자로서 역사에서 잊혀오다가 서기 1899년 청나라 시대에 처음 발견되었다. 놀랍게도 20세기에 들어서 전설의 고대국가인 상나라의 도읍지 은허殷墟에서 동물 뼈에 새겨진 수많은 문자들이 쏟아져 나왔다. 중국은 이를 갑골문으로 명명命名했다. 그러나 거북 등과 소뼈에 새겨진 점서占書로서 자형字形이 사슴뿔 형상의 녹도문자의 글꼴을 하고 있다. 아마도 글자를 다루는 서예인이라면 중국에서 명명된 갑골문이라는 글꼴의 형태가 천부경의 글자와 일맥상통一脈相通함을 한눈에 느낄 것이다. 인류 최초의 경전인 천부경 하나만으로도 고대 전설의 나라 상나라가 단군조선檀君朝鮮의 맥을 이어온 나라임을 밝히는 중요한 단서로 확신한다.

다섯째, 문자가 있기 이전에 인간이 우주 생성변화의 모습을 나타내 보이는 데는 수數와 상象로 인지소통認知疏通하는 수단으로 이용되었다.

천부경 81글자에는 숫자가 31개가 나온다. 인간은 기본적으로 다섯 손가락으로 셈을 하지만 양 손가락을 합한 수 십十은 무한無限의 조합 수를 만들 수가 있듯이 우주의 생성변화生成變化를 십수의 조합으로 표현을 할 수가 있다. 이런 간단하고 명료한 수리를 기본 삼아 말과 글로 표현을 다 할 수 없는 무언가는 상으로 그려 전하여 내려온 것이 현재 주역이 있다. 복희씨 하도십수河圖十數와 문왕의 낙서구수洛書九數로 선천과 후천을 체體와 용用으로 나누어지는 수數의 원리가 천부경 81자에서도 정확하게 드러나 있다.

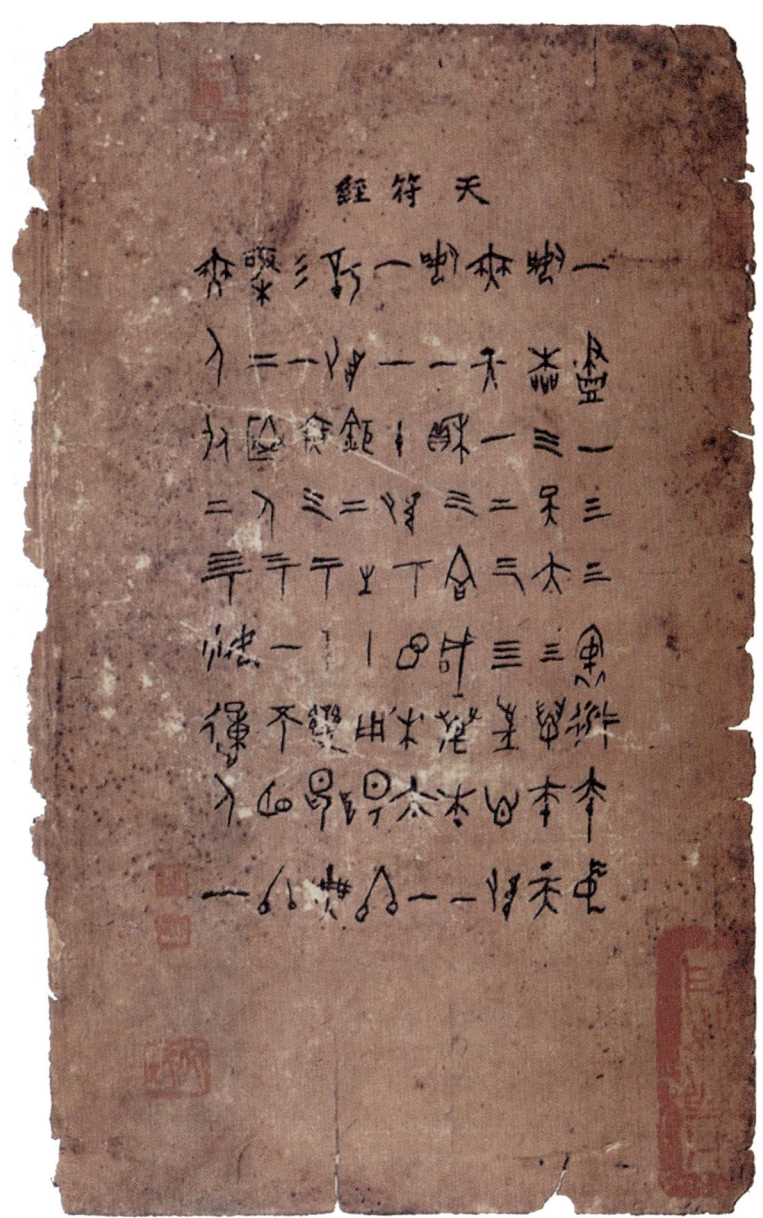

고려말 농은(農隱) 민안부(閔安富)의 『농은유집(農隱遺集)』에서 발견된 갑골문자로 적힌 천부경. (박대종, 「한국에서 발견된 갑골문자에 관한 연구-농은유집 천부경문을 중심으로」, 대종언어연구소, 2003.)

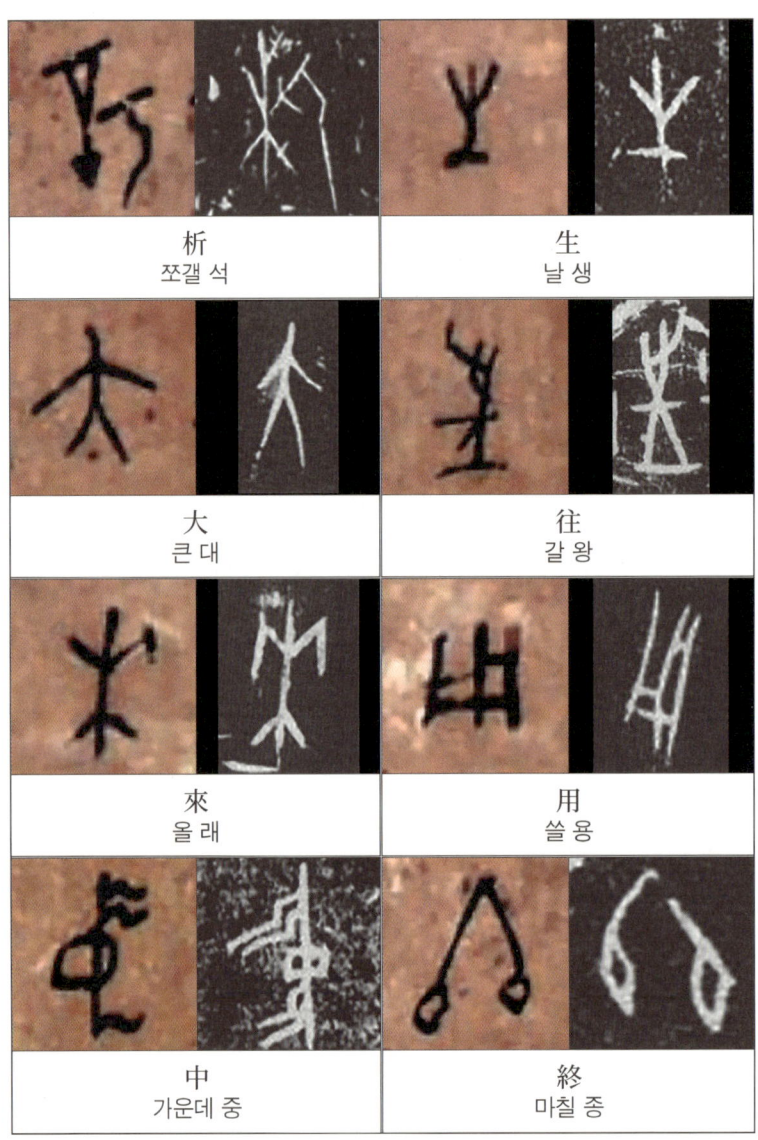

녹도문과 갑골문의 자형 비교
(좌_ 갑골문, 우_녹도문. 녹도문은 https://archive.org/details/06-14822-19753/Oracle%20Explanation%20甲骨文合集释文/ 참고.)

제3장
천부경 세 가지 해설본 비교解說本比較

『환단고기桓檀古記』가 상고시대 기록서로 진짜냐, 가짜냐 하는 진위眞僞 논란이 존재하고 있다. 하지만 이 글에서는 진위 여부에 대해서는 관련 학계와 학자들에게 맡기고자 한다. 단지 천부경이 최치원의 손을 거쳐 지금에까지 기록이 보존되었다는 점과, 상고시대 역학易學의 시원始元이 될 수 있다는 점에 주목한다.

천부경은 고대 천문역법과 함께 주역周易, 도가道家, 유가儒家, 불가佛家, 서교西敎부터 조선 말 등장한 김일부의 『정역正易』에 이르기까지 시대적 연관성을 갖고 살펴야 한다. 그리고 문자가 생성되기 이전에는 우주 생성변화의 모습을 나타내기 위해서 '수數'와 '상象'으로 인지소통認知疏通하였다. 천부경 81자에는 숫자가 31개가 나온다. 기본적으로 사람 다섯 손가락인 양 손을 합한 수인 '십十'으로 무한無限의 조합 수를 만들 수가 있다. 또한 십수의 조합은 우주의 생성변화生成變化를 표현할 수 있다. '수數'는 말과 글로 표현을 할 수 없는 부분들을 그 자체로 간단

명료하게 설명할 수 있고 '상象'으로 그릴 수 있다. 역易이 바로 그런 것이다.

먼저, 단군전檀君殿, 국학원國學院, 증산도甑山道에서 자체적으로 풀이한 천부경 글이 현재 가장 일반적으로 신뢰받는 글이라 살펴본다.

1. 단군전檀君殿 선도문화 천부경

一始無始一 (일시무시일)

우주 만물은 하나에서 나오고 하나에서 비롯되나 이 하나는 하나라고 이름 붙여지기 이전의 하나이며 본래부터 있어 온 하나이다.

析三極無盡本 (석삼극무진본)

하나는 하늘과 땅과 사람 세 갈래로 이루어져 나오지만 그 근본은 변함도 없고 다함도 없다.

天一一地一二人一三 (천일일지일이인일삼)

하늘의 본체가 첫 번째로 이루어지고 그 하늘을 바탕으로 땅의 본체가 두 번째로 이루어지고 그 하늘과 땅을 바탕으로 사람의 본체가 세 번째로 이루어진다.

一積十鉅無匱化三 (일적십거무궤화삼)

이렇게 변함없는 하나가 형상화되기 이전의 하늘·땅·사람의 순서로 완성되면서 새로운 하나를 이룬다. 이 새로운 하나는 한정도 없고 테두리도 없다. 이 새로운 하나가 바로 형상화된 하늘과 땅과 사람이다.

천 이 삼 지 이 삼 인 이 삼
天二三地二三人二三

형상화되기 이전의 하늘·땅·사람과 형상화된 하늘·땅·사람이 어울리면서, 음과 양, 겉과 속, 안과 밖이 생겨난다. 하늘에는 밤과 낮이 있고, 땅에는 물과 뭍이 있으며, 사람에게는 남녀가 있어서, 이 둘의 조화를 통해 천지는 운행하고 사람과 만물은 성장하고 발달해 나간다.

대 삼 합 육 생 칠 팔 구
大三合六生七八九

이렇듯 하늘·땅·사람이 원래의 근본 상태, 형상화되기 이전의 상태, 형상화된 상태, 형상화되기 이전과 형상화된 상태가 어울려서 작용하는 상태, 이 네 단계를 거쳐 우주 만물이 완성되며 우주 만물은 본래 따로 뗄 수 없는 한 덩어리다.

운 삼 사 성 환 오 칠 일 묘 연
運三四成環五七一 妙衍
만 왕 만 래 용 변 부 동 본
萬往萬來用變不動本

이렇게 하나가 묘하게 피어나 우주 만물이 형성되며
그 쓰임은 무수히 변하나 근본은 다함이 없다.

본 심 본 태 양 앙 명
本心本太陽昂明

마음의 근본과 우주 만물의 근본이 하나로 통할 때 일체가 밝아진다.

인 중 천 지 일
人中天地一

이렇게 마음을 밝힌 사람에게는 하늘과 땅과 사람이 하나로 녹아 들어가 있다.

일 종 무 종 일
一終無終一

우주 만물은 하나로 돌아가고 하나에서 끝이 나지만, 이 하나는 하나라고 이름 붙이기 이전의 하나이며 끝이 없는 하나이다.

2. 국학원國學院 선도문화 천부경

우주 만물은 하나에서 나오고 하나에서 비롯되나, 이 하나는 하나라고 이름 붙여지기 이전의 하나이며, 본래부터 있어 온 하나이다.

하나는 하늘과 땅과 사람 세 갈래로 이루어져 나오지만, 그 근본은 변함도 없고 다함도 없다.

하늘의 본체가 첫 번째로 이루어지고 그 하늘을 바탕으로 땅의 본체가 두 번째로 이루어지고, 그 하늘과 땅을 바탕으로 사람의 본체가 세 번째로 이루어진다.

이렇게 변함없는 하나가 형상화되기 이전의 하늘, 땅, 사람의 순서로 완성되면서 새로운 하나를 이룬다.

이 새로운 하나는 한정도 없고 테두리도 없다. 이 새로운 하나가 바로 형상화된 하늘과 땅과 사람이다.

형상화되기 이전의 하늘, 땅, 사람과 형상화된 하늘, 땅, 사람이 어울리면서 음과 양, 겉과 속, 안과 밖이 생겨난다.

하늘에는 밤과 낮이 있고, 땅에는 물과 뭍이 있으며, 사람에게는 남녀가 있어서 이 둘의 조화를 통해 천지는 운행하고 사람과 만물은 성장하고 발달해 나간다.

이렇듯 하늘과 땅과 사람이 원래의 근본상태, 형상화되기 이전의 상태, 형상화된 상태, 형상화되기 이전의 상태와 형상화된 상태가 어울려서 작용하는 상태, 이 네 단계를 거쳐 우주만물이 완성되며, 우주 만물은 본래 따로 뗄 수 없는 한 덩어리이다.

이렇게 하나가 묘하게 피어나 우주 만물이 형성되며, 그 쓰임은 무수히 변하나 근본은 다함이 없다.

마음의 근본과 우주 만물의 근본이 하나로 통할 때 일체가 밝아진다.

이렇게 마음을 밝힌 사람에게는 하늘과 땅과 사람이 하나로 녹아 들어가 있다.

우주 만물은 하나로 돌아가고 하나에서 끝이 나지만, 이 하나는 하나라고 이름 붙이기 이전의 하나이며, 끝이 없는 하나이다.

3. 증산도甑山道 선도문화 천부경

一은 始니 無始一이요,

하나는 천지만물이 비롯된 근본이나 무에서 비롯한 하나이니라.

析하면 三極이니 無盡本이니라.

이 하나가 나뉘어져 천지인 삼극으로 작용해도 그 근본은 다함이 없다.

天――一이요 地―二요 人―三이요,
　　하늘은 창조의 뿌리로서 첫째 되고 땅은 생성운동 근원되어 둘째 되고 사람은 천지의 꿈 이루어서 셋째 되니

一積十鉅하니 無匱化三이니라.
　　하나가 쌓여 열(十)로 열려 나가더라도 다함이 없이 3수의 조화를 이룬다.

天二三이요 地二三이요 人二三이니,
　　하늘도 음양운동 3수로 돌아가고 땅도 음양운동 3수로 순환하고 사람도 음양운동 3수로 살아가니

大三合六하여 生七八九이니라.
　　천지인 큰 3수 마주 합해 6수 되니 생장성 7·8·9를 생하고

運은 三四하고, 成環五七이니라.
　　천지 만물 3과 4수 변화마다 운행하고 5와 7수 변화원리 순환운동 이룬다.

一妙衍萬往萬來하니, 用變不動本이니라.
　　하나가 오묘하게 뻗어 나가 만물이 수없이 오고 가는데,
　　그 작용이 바뀌어 마침내 부동의 본체가 된다.

本은 心이니 本太陽하여
　　근본은 마음이니 태양에 근본 두어

昂明人中天地一이니라.

마음의 대광명은 한 없이 밝고 맑아

사람은 천지의 마음(일심)을 얻어 태일太一이 되니

一은 終이니 無終一이니라.

하나는 천지 만물 끝맺는 근본이나 무로 돌아가 마무리 짓는 하나니라.

4. 천부경 해설 본평解說本評

"증자曾子가 이르길 열 눈이 보고 열 손가락의 지적을 무서워하라(曾子曰 十目所視 十手所指 其嚴乎)"는 말이 있다.

단군전의 선도문화 천부경비는 전국의 단군전 내에 세워져 있는데, 위 원문은 청주시 흥덕구 강내면 저산리 은적산 단군성전 내삼문 옆 선도문화 천부경비에 새겨진 글을 옮겨왔다. 전면에는 천부경 81자가 예서체隸書體로 각인되어 있고, 후면에 한글 정자로 풀이본이 적혀 있다. 원래 천부경 81자는 간단 요약의 극치를 보여주는 것이다. 그런데 단군전의 풀이본은 한글로 해석한 것이 매우 어지럽고 뜬구름 잡기식이었다.

단군전에 세워진 천부경비의 해설을 읽어 보고 마음에 뜻이 서로 통하지 않아 무언가 자세히 해설된 글이 있지 않을까 하고, 충남 천안에 자리한 국학원 본원을 찾아가 보았다. 국학원 본원 현관에 있는 천부경 해설본은 말씨가 부드러웠으나, 역시 뜻이 마음에 가까이 가지 않았다.

증산도에서는 국조 단군의 단군사상에 큰 비중을 두고서 천부경을 인류문화 경전의 원형이며 동북아 최초의 하나님의 계시록으로 삼고 있다. 증산도의 해설본은 간단하고 명료하게 표현하여 글맛은 있었지만, 천지 우주 만물 순환의 의미가 담긴 천부경의 수리를 표현하는 것에는 서툰 감이 있었다.

제4장
천부경 단사정해 丹史正解

天 符 經								
一	始	無	始	一	析	三	極	無
盡	本	天	一	一	地	一	二	人
一	三	一	積	十	鉅	無	匱	化
三	天	二	三	地	二	三	人	二
三	大	三	合	六	生	七	八	九
運	三	四	成	環	五	七	一	妙
衍	萬	往	萬	來	用	變	不	動
本	本	心	本	太	陽	昂	明	人
中	天	地	一	一	終	無	終	一

1. 단사丹史의 정해설正解說

아이들이 태어나서 손가락으로 하나, 둘, 셋 수를 세는 것처럼, 천부경 81자를 쉽게 뜻을 알 수 있도록 구두점을 찍고 풀어본 것이다.

일 시 무 시 일
一始無始一

    음태극 一도 무극에서 양태극 一도 무극에서 나누어 시작하니

석 삼 극 무 진 본
析三極無盡本

    음태극·양태극·무극, 셋으로 나뉘어 반본返本을 다 한다.

천 일 일 지 일 이 인 일 삼
天一一 地一二 人一三

    하늘은 하나요 양의 수 1이요,

    땅도 하나요 음의 수 2요,

    사람도 하나요 천天 1 지地 2를 합한 3이라.

일 적 십 거 무 궤 화 삼
一積十鉅無匱化三

    하나하나가 쌓여 10으로 무극이 되고

    무극의 수 10을 빼면 3+3+3=9로 조화의 수 3이 된다.

천 이 삼 지 이 삼 인 이 삼
天二三 地二三 人二三

    하늘도 음양이 갈리어 음도 천·지·인 양도 천·지·인이요,

땅도 음양이 갈리어 음도 천·지·인 양도 천·지·인이요,

사람도 음양이 갈라져 음도 천·지·인 양도 천·지·인이 된다.

大三合六生七八九 ^{대 삼 합 육 생 칠 팔 구}

생수生數 천1+지2+인3=6으로 후천의 성수成數 6이 되고

그 6수에 삼재三才의 생수 1·2·3을 나란히 더하여 7·8·9의 성수

가 나온다.

運三四成環五七一 ^{운 삼 사 성 환 오 칠 일}

천·지·인 3재와 동·서·남·북 4방에서 3×4=12수가 나오고

둥근 수레바퀴 수 5·7·1에서 5×4+7×2+1×2=36이 나와서

妙衍 ^{묘 연}

수가 묘하게 늘어나 펼쳐진다.

萬往萬來用變不動本 ^{만 왕 만 래 용 변 부 동 본}

수만 번을 왔다 갔다 하며 변화를 일으키나

무극인 부동으로 원시반본原始返本하는 것이요

本心本太陽 ^{본 심 본 태 양}

심心은 무극이라, 본심본本心本이란 음태극인 태太와 양태극인 양陽

이 끝없이 반본순환反本循環하는 이치를

^{앙 명}
昂明

 우러러 분명하게 밝혀 준다.

^{인 중 천 지 일}
人中天地一

 사람도 하늘을 머리에 이고 땅을 발로 밟아

 무극無極인 중中에 양兩 태극太極과 하나가 되어서

^{일 종 무 종 일}
一終無終一

 양태극陽太極 一도 무극無極에서 마치고 음태극陰太極 一도 무극에서 마치어 종終을 이룬다.

2. 단사丹史의 오언한시작해설五言漢詩作解說

『주역周易』에 "서불진언書不盡言"이라는 말이 있는데, 글로써 자신이 하고 싶은 말을 다 표현하지 못한다는 말이다. 역의 이치인 역리易理를 더 자세하게 드러내기 위해서 오언율시五言律詩를 직접 지었다. 이는 천부경의 본의를 축약縮約시켜서 바른 해석을 시도해 본 것이다.

^{무 자 즉 무 극}
(1) **無字則無極**

천부경에서 '없을 무無' 자는 바로 '무극'으로 보아야 함을 밝힌다.

^{천 경 무 시 일}
天經無始一 천부경 일시무시일一始無始一에서

無極意無言   무극의 뜻을 무無로만 말했네.

兩太包無極   음태와 양태가 무극을 안고 있어서
極無三析根   음태극·양태극·무극, 셋이 기본이 되네.

(2) 一始無始一

음태극 -1과 양태극 +1이 무극 0을 터로 해서 시작한다는 것을 밝힌다.

手加推五六   손가락으로 5는 펴고 6은 굽혀 더한 수는
十一坐零中   5+6=11로 0인 무극 속에 자리하다가

分一陰陽一   음태극 -1과 양태극 +1로 갈라져 나가니
太形始土同   양태, 음태의 글꼴이 흙토 모양이 되네.

(3) 析三極無

分極陰陽二   태극이 음과 양으로 둘로 갈라지고
十無二極包   십무극이 음태극·양태극에 싸여 있네.

極無三個定   두 태극과 무극으로 셋으로 정해지고
用極體無交   무극은 체體로 두 태극은 용用으로 만나네.

(4) 盡本

體用分歸一   체와 용이 나뉘었다 하나로 돌아가는데

不休成盡云　　쉬지 않고 다 이뤄냄을 진盡이라 이른다.

往來終始理　　가고 오고 마치고 시작하는 이치 속에는
恒想返本文　　항상 원시반본原始返本의 글을 떠올려라.

(5) 天一一 地一二 人一三

天地人同一　　하늘·땅·사람이 똑같은 하나의 태극이지만
天戴地履人　　하늘을 이고 땅을 밟는 이는 사람이라.

陽天陰地數　　하늘은 양의 수 1이요 땅은 음의 수 2로
一二合三仁　　하늘과 땅의 수를 합치니 3의 씨알이 사람이라.

(6) 一積十鉅無匱化三

一一加增十　　하나하나가 쌓여 열 십으로 되면
極無謂壹空　　태극과 무극을 1과 0이라 이르네.

十除餘九數　　무극인 십을 제하면 아홉 수가 남으니
無匱化三同　　무궤화삼이 3+3+3=9라는 뜻으로 풀어지네.

(7) 天二三 地二三 人二三

天地人中二　　천·지·인 가운데 각각 2라는 수數는
陰陽造化看　　음태·양태의 생성生成되는 조화의 수라.

삼재삼합구
三才三合九　　천·지·인 각각의 수 3을 합하면 9가 되고

삼번각분안
三番各分鞍　　천·지·인 1·2·3의 수가 세 번 나누어 앉네.

(8) 大三合六 (대삼합육)

합삼재육출
合三才六出　　삼재 1·2·3을 합하니 6이 나오고

삼이화음양
三二化陰陽　　3×2=6은 생성조화를 부리니

팔일천경표
八一天經表　　천부경 9×9=81의 도표에서

위중선후광
位中先後光　　중앙에 6이 자리하여 선후를 빛내네.

(9) 生七八九 (생칠팔구)

육일가생칠
六一加生七　　6에 1을 보태니 7을 낳고

육가이팔래
六加二八來　　6에 2를 더하니 8이 되네

육가삼구출
六加三九出　　6에 3을 보태니 9가 되어

성수후천개
成數後天開　　성수가 되니 후천의 수가 열리네.

(10) 運三四成 (운삼사성)

동서남북사
東西南北四　　사방四方, 사계四季의 4에

승천지인삼
乘天地人三　　삼재三才 3을 곱하니 12요

횡적공간운
橫的空間運　　공간의 횡적 운동으로

일시연월담
日時年月談　　연월일시의 말이 나오네.

(11) 環五七一

三六圓方出(삼육원방출)　　원방각에서 36수를 추출하는데

五弦四角陳(오현사각진)　　5현弦 4각角으로 20수가 펼쳐지고

二乘加七一(이승가칠일)　　지름인 7+1=8에 바퀴살 2개를 곱하니 16으로

銀漢作環輪(은한작환륜)　　20과 16을 더한 수 36에 무극 10을 곱하면 360이 되어 우주 은하의 고리 모양이 되네.

(12) 妙衍(묘연)

　　묘연은 묘하게도 수가 불어난다는 뜻으로 보아야 한다. 또한 후천의 성수 6을 천부경 9×9=81칸의 중심에 맞추려 도치법倒置法을 쓴 것으로 보인다. 대삼합육大三合六의 앞에 놓아도 해석이 무방하다. 대다수 사람들이 오칠五七에 구두점을 찍어 일묘연一妙衍으로 나누는데, 그렇게 되면 36의 수를 도출해 낼 수가 없다. 오칠일五七一에서 나온 수 36에 십무극인 10을 곱하면 360의 수가 나온다. 5·7에서 끊어 일묘연을 따로 놓고서 누구나 자의적恣意的으로 그럴듯하게 풀려고 한다. 이것은 모두가 역리易理를 모르는 무지無知의 소치이다. 『주역』 낙서洛書의 수리에서만 보더라도 5·7·1을 도출해 낼 수가 있다.

(13) 萬往萬來用變不動本(만왕만래용변부동본)

有變形生太(유변형생태)　　변화와 형체가 있음에 태극을 낳고

無形變作無(무형변작무)　　형체와 변동이 없음에 무극을 짓네

體無包用太 무극인 체體가 용用인 음태와 양태를 안고
萬來萬往敷 끝없이 오가며 원시반본을 펴네.

(14) 本心本太陽

不動知無極 부동이라는 글자가 바로 무극인 것임을 알면
心歸一似中 심도 무극으로 태극이 돌아오는 중심이라.

太陽云兩太 태양도 음태극·양태극이라야 말이 되니
二極反無同 음양, 두 태극이 무극으로 돌아와 함께하네.

(15) 昻明

앙명은 우러러 분명히 밝힌다는 뜻으로, 위 묘연妙衍과 같이 도치倒置된 말이라고 본다. 앙명은 만왕만래萬往萬來의 앞에 놓아도 뜻의 전달에는 무방하다. 시어詩語의 대대법對待法에 따라 '묘연妙衍'의 자리와 맞춰 '앙명昻明'도 뒤에 자리했다고 본다.

(16) 人中天地一

人戴天履地 사람은 하늘을 머리에 이고 땅을 밟으니
天地合中人 천지가 합한 중심에 사람이 있네

一二加人孕 천天 1과 지地 2를 더하니 인人 3이 되고
爲三才一身 하늘과 땅과 사람이 하나의 몸통이 되네.

(17) 一終無終一 (일종무종일)

一陰陽一反 (일음양일반)　　음태극 1과 양태극 1이 반본反本하니
太極有形移 (태극유형이)　　태극은 유형으로 움직이고

無極無形在 (무극무형재)　　무극은 형체가 없이 존재하여
皆懷不動基 (개회부동기)　　모두를 품어 주는 부동의 터전이네.

제5장
최치원의 천부경해역天符經解譯 분석

　　최치원의 후손인 최국술이 1926년에 『고운집孤雲集』을 펴내면서 천부경전을 실었다고 알려져 있다. "천부경해후예고운최치원지天符經解後裔孤雲崔致遠識"라고 서두를 분명하게 밝힌 고운 최치원 선생의 한문 해설본이 담겨 있다고 한다. 현재 우리가 접하는 천부경 해석들은 이를 따로 발췌해서 풀이하고 있다. 신라시대 대학자인 최치원의 글이기 때문에 다른 분석이나 검증 없이 풀이하다 보니, 천부경의 본래 뜻이 이해득실에 따라 달라지고 있는 형편이다.

　　최치원 해설 서두에 "無始者無極也무시자무극야 太極始于無極태극시우무극"이라는 말이 나온다. 여기서 없을 무無 자를 무극으로 보았다는 점에서 최치원의 해설본이 그나마 가장 진지하게 논한 글로 판단하였다. 그래서 진위를 논하기 앞서, 여기서는 우선 이 해설본의 '천부경팔십일자신결天符經八十一字神訣'을 가지고 천부경 본래의 뜻을 밝히고자 한다.

1. 一始無始一 析三極無盡本

神訣字八十一
    신묘한 비결의 글자가 비록 팔십일자이나
萬法具略
    만법의 대략을 구비하고 있느니라.

一者太極也
    하나 1이라는 것은 태극이다.
無始者無極也
    시작함이 없다는 것은 무극이다.
太極始于無極
    태극은 무극에서 시작됨이라.
故曰 一始無始
    그리하여 1 태극은 무극에서 시작이 된다고 한다.

太極分而爲天
    태극이 나뉘어 하늘 천天이 되고
爲地爲人也
    땅 지地가 되고 사람 인人이 된다.
故曰 一析三
    그러므로 하나가 셋으로 갈라진다고 한다.

雖分三才

　　비록 하늘·땅·사람이 삼재로 나누어진다 하더라도,

太極依舊自在也

　　태극은 예전의 자신에 의존해서 스스로 존재한다.

故曰 極無盡本

　　그러므로 태극은 근본에 다함이 없다고 한다.

단사정해 丹史正解

　최치원은 위에서 1은 태극이고, 시작이 없다는 것은 무극이고, 태극은 무극에서 시작하는 것으로 바라보고 있다. 이는 천부경의 비밀을 푸는 시작점이자, 중요한 열쇠가 된다. 그렇지만 '태극이 나뉘어 하늘이 되고 땅이 되고 사람이 되어서 하나가 셋으로 갈라진다'라고 하고서는, '一始無始일시무시로 태극은 무극에서 시작된다'라고 단정했다. 그리고서 마지막 한 일一 자를 '析三석삼'에 붙여서 '一析三일석삼'으로 만들고는, 하나가 셋으로 갈라진다라고 풀었다. 이는 플러스(+)인 양태극陽太極 하나만을 언급한 것으로 인식된다. 그렇기 때문에 시작부터 단추를 잘못 꿰 버린 꼴이 되어, 그간 천부경 해설이 중구난방衆口難防된 원인이 되었다.

　'一始無始一일시무시일'이란, 숫자로 표현하자면 -1, 0, +1 꼴로 시작함이 맞다. '析三極無盡本석삼극무진본'이란, '삼극三極에서 -1인 음태극陰太極과 +1인 양태극陽太極이 둘로 나누어지고, 무無는 0과 10으로 무극無極이 되어 움직이지 않는 바탕으로 자리하며, 음태극·양태극이 반본返本을 끝없이 한다.'라고 풀어야 말이 된다. 여기서는 本본 자를 근본 본으로 보지 말고 '원시반본元始返本'으로 보아야만, 우주 만물의 무한 생성 순환의 뜻으로 의미가 통하게 된다.

'一始無始一'과 함께 종장의 '一終無終一일종무종일'은 시어 문장에서 대구법對句法인데, 한시를 지을 줄 아는 사람이라면 꼭 알아야 하는 기본기이다. 그래서 한 일一을 '析三석삼'에다가 붙인 부분이 최치원 해설이 맞는가 하는 의심이 들었다.

三極삼극이 -1인 음태극, 0인 무극, +1인 양태극으로 갈라진다는 원리는, 생수生數인 천 1·지 2·인 3을 가지고서 천부경의 '운삼사성運三四成'으로 풀어낼 수가 있다. 천수天數 1과 지수地數 2와 인수人數 3인 일一·이二·삼三의 순환 속에서 도출한 수에 동서남북 사방四方의 수를 대입하여 합하면, 음태극·무극·양태극의 꼴을 찾아낼 수가 있다.

2. 天──一 地─二 人─三

天得一而爲第一
　　하늘도 하나요 첫 번째 1이 되고

地得一爲第二
　　땅도 하나요 두 번째 2가 되고

人得一爲第三也
　　사람도 하나요 세 번째 3이 된다.

故曰 天──一 地─二 人─三
　　그런고로 천일일·지일이·인일삼이 된다.

단사정해 丹史正解

　천수天數 1, 지수地數 2, 인수人數 3을 뜻하는 일─·이二·삼三의 생수를 가지고 낙서구궁도에 맞춰보면, 가운데 수에 예를 들어 …, -3, -2, -1, 0, 1, 2, 3, …을 차례로 대입할 수 있다. 이렇게 도출된 수들을 각각 합한 수를 가지고 동서남북의 4수로 나누면, 음태극·무극·양태극으로 수가 전개가 된다. 『주역』의 '순역반본順逆反本'하는 원리가 끝없이 이루어지는 것을 알 수 있다. 이는 아래 도표를 참고하길 바란다.

[도표 1] 낙서구궁도로 도출한 음태극·무극·양태극

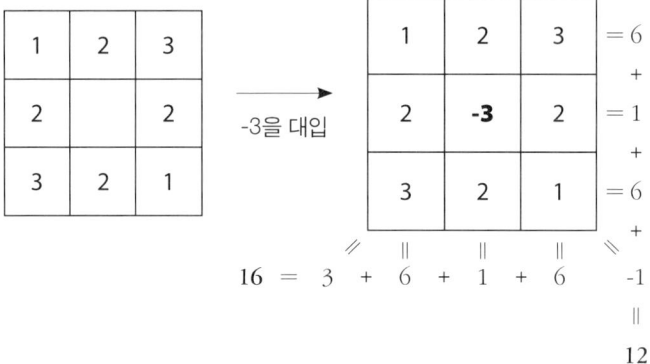

16 + 12 = 28 ⇒ (사방을 뜻하는 4수로 나눔) 28 ÷ 4 = 7 ⇒ 7와 -3 = "음태극"

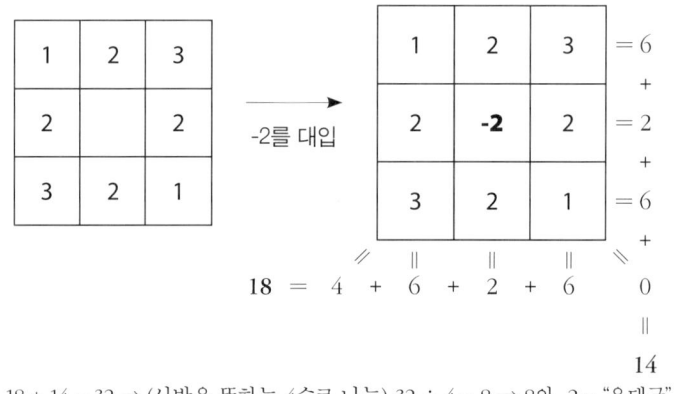

18 + 14 = 32 ⇒ (사방을 뜻하는 4수로 나눔) 32 ÷ 4 = 8 ⇒ 8와 -2 = "음태극"

20 + 16 = 36 ⇒ (사방을 뜻하는 4수로 나눔) 36 ÷ 4 = 9 ⇒ 9와 -1 = "음태극"

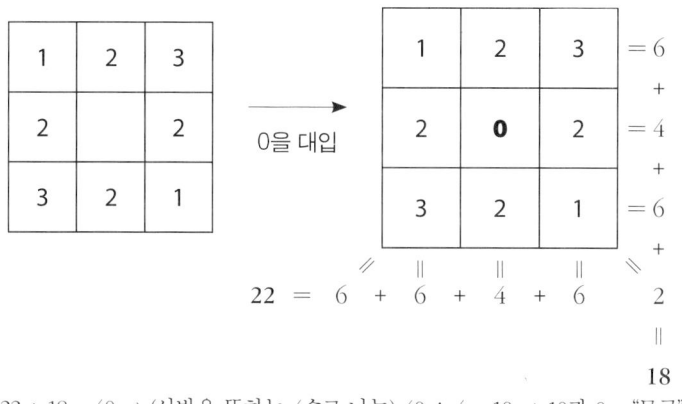

22 + 18 = 40 ⇒ (사방을 뜻하는 4수로 나눔) 40 ÷ 4 = 10 ⇒ 10과 0 = "무극"

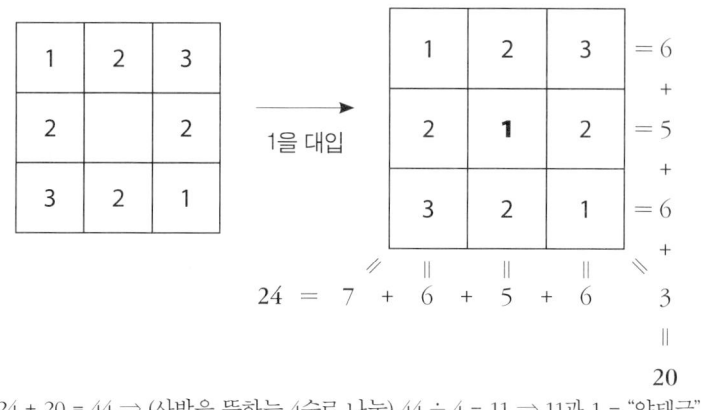

24 + 20 = 44 ⇒ (사방을 뜻하는 4수로 나눔) 44 ÷ 4 = 11 ⇒ 11과 1 = "양태극"

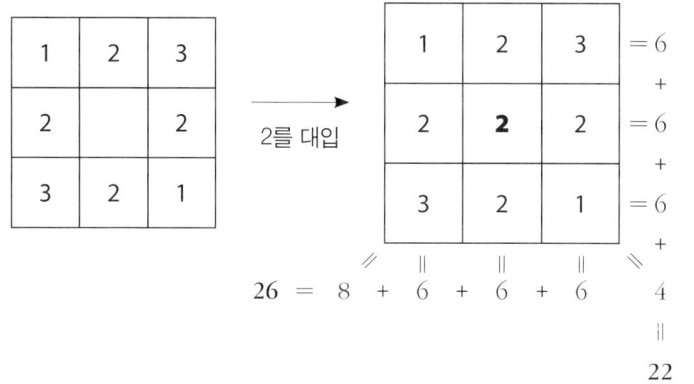

26 + 22 = 48 ⇒ (사방을 뜻하는 4수로 나눔) 48 ÷ 4 = 12 ⇒ 12와 2 = "양태극"

	1	2	3
	2		2
	3	2	1

3을 대입 →

	1	2	3	= 6
	2	**3**	2	= 7
	3	2	1	= 6

28 = 9 + 6 + 7 + 6   5

24

28 + 24 = 52 ⇒ (사방을 뜻하는 4수로 나눔) 52 ÷ 4 = 13 ⇒ 13과 3 = "양태극"

결과 비교표

…	28	32	36	40	44	48	52	…
…	7	8	9	10	11	12	13	…
…	-3	-2	-1	0	+1	+2	+3	…
	음태극		←	무극	→		양태극	

3. 一積十鉅無匱化三

無極則金剛般若眞如之先天也
    무극은 곧 금강반야 진여의 선천이다.

太極則阿賴耶識
    태극은 아뢰야식이다

天地人物皆因此識
    천지인의 만물은 모두 이 야뢰야식의 인연에 따라

而落於后天
    후천에 떨어져서

生生死死四生之道不息
    낳고 낳아 죽고 죽는 생장염장生長斂藏의 길에 쉼이 없다.

天一生水 地六成之 居北
    하늘의 1이 물을 낳고 땅의 6(5+1)을 이뤄 북쪽에 자리하고

地二生火 天七成之 居南
    땅의 2가 불을 낳고 하늘의 7(5+2)을 이뤄 남쪽에 자리하고

天三生木 地八成之 居東
    하늘 3이 나무를 낳고 땅의 8(5+3)을 이뤄 동쪽에 자리하고

地四生金 天九成之 居西
    땅의 4가 쇠를 낳고 하늘의 9(5+4)을 이뤄 서쪽에 자리하고

天五生土 地十成之 居中也

하늘의 5가 흙을 낳고 땅의 10(5+5)을 이뤄 중앙에 자리한다.

故曰 一積十鉅

그리하여 하나하나 쌓여 열 십으로 커진다.

巳落後

마치면 뒤돌아 감을 이루니

三才萬物 生成不息

하늘·땅·사람인 만물 세계는 낳고 이룸을 쉬지 않아

變化無窮也

끝없이 변화를 한다.

故曰 無匱化三

그런고로 모자람이 없이 하늘 땅 사람으로 조화를 이룬다. 匱괘는 乏(결핍)이다.

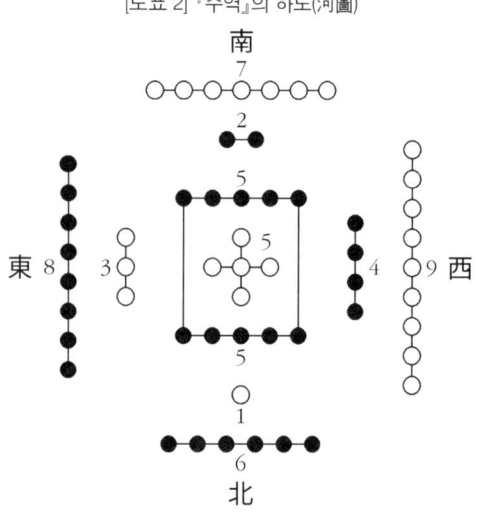

[도표 2]『주역』의 하도(河圖)

단사정해 丹史正解

 '一積十鉅일적십거'는 '하나하나 쌓여 열 십으로 커진다'라고 누구나 쉽게 이해할 수가 있다. 그러나 다음 '無匱化三무궤화삼'의 '無무'를 없을 무로 해득하여, 모자람이 없다라고 쉽게 해석하면서 큰 오류가 발생한다. 천부경 81자에 나오는 모든 '無무' 자는 '無極무극'의 뜻으로 써야 맞다. '없다'와 '아니다'라는 부정의 의미는 '아니 불不'로 써야 함을 분명하게 밝힌다. 이어서 無匱무궤의 '匱' 자는 '결핍되다'의 '궁핍' 자로 보고 있는데, 천부경에서는 匱 자를 '비우다' 혹은 '빼내다'라고 해석을 해야 한다. 無匱에서 無 자도 역시 無極무극의 뜻을 가지고 있어, 무극인 '십수 十數'를 빼내면 '구수九數'가 남게 된다. 여기서 구수는 차례로 1에서 9로 가는 숫자로 생각하지 말고, 천天 1·2·3, 지地 1·2·3, 인人 1·2·3의 세 묶음의 수로서 3×3인 9로 보아야 한다. 그래야만 무극을 뺀 구수를 지향하는 작용이 되어 끝없이 조화를 부리는 수리가 된다.

 '아뢰야식'이라는 말은 불교 용어인데, 천부경의 본래 뜻과는 일맥상통하지 않는 용어라고 판단한다. 최치원이 활동하던 시대가 불교 융성 시기였고, 지금 시대와는 달리 다양한 자료들을 접할 수 없었기 때문일 것이라고 본다. 그런 상황에서 최치원이 불교 이론을 가지고서, 도맥道脈이 계속 이어지 않던 천부경을 풀고자 했을 것이다. 최치원은 풀리지 않는 천부경이 담고 있는 우주 만유 수리數理의 조합을 당시 불교 이론을 가지고서 이해시켜 보려던 것이 아닐까 싶다.

4. 天二三 地二三 人二三

二 陰數 三 陽數

    2는 음수이고 3은 양수이다.

天地人 皆有陰陽也

    하늘·땅·사람은 모두 음과 양이 있다.

故曰 天二三 地二三 人二三

    그런고로 하늘도 2와 3, 땅도 2와 3, 사람도 2와 3이다.

단사정해 丹史正解

[도표 3] 천(天), 이(二)·삼(三) / 지(地), 이(二)·삼(三) / 인(人), 이(二)·삼(三)

天	地	人					
1 +	1 +	1	=3	3	3×1=3 ⇒	"하늘"+"땅"+"사람"=3재(才)	
2 +	2 +	2	=6	6	2×3=6 ⇒	음태극(1) 양태극(1) }	2×3=6
3 +	3 +	3	=9	9	3×3=9 ⇒	천, 지, 인 }	3×3=9

    도표 3은, 가로 위도緯度는 1단은 천天·지地·인人이 1이요, 2단은 천·지·인이 2요, 3단은 천·지·인이 3이요, 세로 경도經度 천 1·2·3, 지 1·2·3, 인 1·2·3을 나타낸다. 눈에 보이지 않는 무형無形의 무극無極인 공空의 세계에서 다시 하늘 1도가 둘로 나뉘어 양의兩儀로 갈라진다. 그러다가 다시 음태극과 양태극이 합하여 생성되는 2+1인 3으로 천지인의 삼재三才를 낳는다. 땅 지地도, 사람 인人도 똑같이 각기 2+1인 3으로 천·지·인을 낳는데, 이러한 1·2·3 생수의 작용만으로도 우주 만유 순환반본의 이치를 도출할 수가 있다.

5. 大三合六 生七八九

后天乾坤配合
　　후천에 하늘과 땅이 짝이 되어 합하여

生一白水
　　1은 백수를 낳고

二黑土
　　2는 흑토를 낳고

三碧木
　　3은 벽목을 낳고

四綠木
　　4는 녹목을 낳고

五黃土
　　5는 황토를 낳고

六白金
　　6은 백금을 낳고

七赤金
　　7은 적금을 낳고

八白土
　　8은 백토를 낳고

九紫火
　　9는 자화를 낳는다.

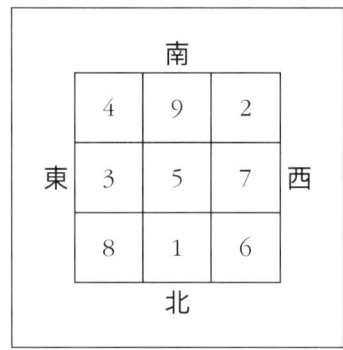

[도표 4] 낙서구궁도(洛書九宮圖)

批鋪九宮 運化無窮也

    9궁으로 펼쳐진 운행변화가 무궁하다.

故曰 大乾合坤

    그런고로 크게 건乾인 하늘과 곤坤인 땅이 합하여

生七八九

    7, 8, 9를 낳는다.

氣具大略 以上

    대략 기운이 갖추어진 이상

三才萬物 分裂之像也

    삼재인 천·지·인 만물이 나누어져 갈라지는 형상이다.

단사정해 丹史正解

    최치원 해설본은 '大乾合坤대건합곤'으로, 〈태백일사太白逸史〉본은 '大三合六대삼합육'으로 달리 표기되어있다. 이는 서로 어긋난 오자로 생각할 수가 있으나, 글자에서 부여되는 뜻은 다르지 않다. 음양의 합수를 도출하는 것에서, 대건합곤과 대삼합육이 똑같이 천 1·지 2·인 3을 합한 1+2+3=6이 나온다. 이 6수에다가 천 1·지 2·인 3을 다시 나란히 더하면 7, 8, 9의 수가 나온다. 이 정도의 수에 대한 이해도는 어린아이도 쉽게 셀 수가 있다.

그러나 좀 더 들어가면, 손가락을 폈다 굽히는 굴신屈伸의 수인 5·6 수를 가지고서 삼극三極인 무극·음태극·양태극으로 나누어 수를 논해야 한다. 이는 도표 4 낙서구궁도의 수의 순환에서 도출된다. 또한 아래 도표 5에서 볼 수 있듯이, '包五合六포오합육'의 5+6=11을 기점으로 무극·음태극·양태극이 갈라지는 수의 순역과정順逆過程을 그려내야 한다. 그래야만 태고 인류 시원始元의 경전인 천부경에 담겨 있는 수를 바로 읽어 낼 수가 있다.

[도표 5] 낙서구궁도로 본 음태·양태 생성 수

4		9		2
	+1	-4	+3	
3	+2	5	-2	7
	-3	+4	-1	
8		1		6

1	2	3	4	5	6	7	8	9
一	二	三	一	二	三	一	二	三
1-5	2-5	3-5	4-5	5+6 = 11		6+1	6+2	6+3
-4	-3	-2	-1	0		+1	+2	+3

6. 運三四成環五七一 妙衍

歸根復命 眞一之道
　　근원을 되돌리어 명을 회복은 진일의 도이다.

運三木之日 四金之月 入中結丹
　　삼목의 해와 사금의 달이 운행하여

五土 七火 一水 妙合凝
　　오토, 칠화, 일수가 오묘하게 화합하여 응결하여

無量廣劫
　　한량없는 광겁의 속에서

得大自在也
　　크게 도를 얻어 스스로 존재하느니라.

千千萬萬世 長生不死之大道
　　천천만만세 동안 오래 살고, 죽지 않는 대도이며,

成仙成佛之眞訣
　　신선이 되고 성불을 이루는 참된 비결이다.

惟此一法
　　오직 이것만이 유일한 법이라,

更无他術也
　　바꿀 수 있는 다른 법술은 없느니라.

故曰 運三四
　　그래서 삼·사3·4가 운행하여

成環五七一 妙衍

　　오(5, 土)를 선회하여 칠(7, 火) 일(1, 水)이 오묘하게 넘친다.

단사정해 丹史正解

　'運三四成운삼사성'에서 '三'은 천·지·인을 의미하는 '삼재三才'로 볼 수도 있고, 원의 지름 3.14의 3수로도 볼 수가 있다. 여기에서는 생수인 음양의 합 1+2=3이라는 수로 따져 보고자 한다. '四'는 동서남북을 뜻하는 '사방四方' 또는 춘하추동을 뜻하는 '사계四季'로 본다. 4와 3을 곱하면 한 해 열두 달을 의미하는 12가 나오게 된다.

　'環五七一환오칠일'에서는 36의 수가 도출된다. 지금까지 천부경 해설자 대다수는 5·7·1의 수를 각자 나름대로 주역의 괘효卦爻나, 최치원과 같이 불성을 이루는 선도의 비결이 되는 수로 보고 있다.

　인류사에서 천문학은 가장 먼저 태어난 학문으로서 과학적인 인간 문명의 중추적인 역할을 해왔다. 천문학의 수학 이론인 '원방각圓方角'은 기하학幾何學의 시작과 끝을 이루는 이론인데, 이 모태가 된 천부경을 바르게 보려면 고대 중국의 천문수학서인 『주비산경周髀算經』도 살펴보아야 한다. 『주비산경』은 고대 그리스 수학자 피타고라스(서기전 582~497)가 남긴 '피타고라스 정리'보다 600여 년 앞선다고 알려진 바 있다. 고대 중국인들은 보다 구체적이고 실용적인 '구고법句股法'을 사용했는데, 복희씨로 거슬러 올라가면 복희씨가 '규구規矩(여기서 '規'는 콤파스로 원圓을 그리는 도구이고, '矩'는 기역자(곱자)로 사각형四角形을 그리는 도구를 말한다)'를 만들어 사용했다고 한다.

　따라서 천부경에 나열된 31개의 숫자 중에서 5·7·1이 가지고 있는 비밀을 『주비산경』[1]을 참고해 아래 도표와 같이 풀어 보았다.

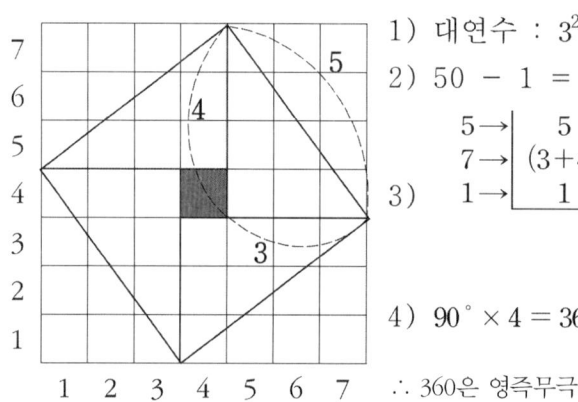

[도표 6] 『주비산경』을 통한 오칠일묘연(五七一 妙衍) 풀이

1) 대연수 : $3^2+4^2+5^2=50$
2) $50 - 1 = 49 = 7 \times 7$
3) $\begin{array}{r} 5 \rightarrow \\ 7 \rightarrow \\ 1 \rightarrow \end{array} \begin{array}{|l} 5 \quad \times 4 = 20 \\ (3+4) \times 2 = 14 \\ 1 \quad \times 2 = 2 \\ \hline \quad\quad\quad = 36 \end{array}$
4) $90° \times 4 = 360 = 36 \times 10$

∴ 360은 영즉무극(零則無極)이다.

다음 장에서 이 부분을 자세히 다루기로 한다.

1　　昔者周公問於商高曰, "竊聞乎大夫善數也, 請問古者包犧立周天曆度. 夫天不可階而升, 地不可得尺寸而度. 請問數安從出?" 商高曰, "數之法, 出於圓方. 圓出於方, 方出於矩. 矩出於九九八十一. 故折矩, 以爲句廣三, 股脩四, 徑隅五. 旣方之外, 半其一矩. 環而共盤, 得成三·四·五. 兩矩共長二十有五, 是謂積矩. 故禹之所以治天下者, 此數之所生也." 周公曰, "大哉言數! 請問用矩之道?" 商高曰, "平矩以正繩, 偃矩以望高, 覆矩以測深, 臥矩以知遠, 環矩以爲圓, 合矩以爲方. 方屬地, 圓屬天, 天圓地方. 方數爲典, 以方出圓. 笠以寫天. 天靑黑, 地黃赤. 天數之爲笠也, 靑黑爲表, 丹黃爲裏, 以象天地之位. 是故知地者智, 知天者聖, 智出于句, 句出于矩. 夫矩之于數, 其裁制萬物, 惟所爲耳." 周公曰, "善哉!" (『周髀算經』上)

7. 萬往萬來用變不動本

訣中秘旨
    비결 중은 비밀의 요지이니

口口相傳 不記于文
    입과 입으로만 서로 전하고 문자로 기록하지 않았다.

故不遇眞師
    그리하여 참 스승을 만나지 못하면

莫能知之
    어느 누구도 알 수 없었다.

欲聞秘旨者
    비결의 요지를 듣고자 하는 사람은

正心修戒
    마음을 바르게 하고 계를 지켜서

至誠發願
    지극한 정성으로 발원하면

心有眞師
    마음속에 참 스승이 있으리라.

下敎矣 以上
    가르침을 내려 한마디로 말하자면

盛意 正心 修身等事也
    성의, 정심, 수신 등 일이다.

故曰 萬往萬來

  그리하여 만사가 가고 만사가 오듯이

用變不動本

  그 쓰임은 변하나 근본은 움직이지 않는다.

단사정해 丹史正解

 천부경은 총 81칸의 구도에 맞추어 문장을 축약하여 표현한 현존 최고의 걸작이다. 그렇기에 천부경을 완전히 해득하여 깨우치는 것은 쉬운 일이 아니다.

 '萬往萬來만왕만래 用變不動本용변부동본'은 '만사가 가고 만사가 오듯이 그 쓰임은 변하나 근본은 움직이지 않는다'라는 의미로 해석하고 있다. 우주 만물은 자연법칙에 따라 끊임없이 생성 순환 소멸하는 과정을 반복한다. 아마도 천부경은 이러한 과정을 '만왕만래萬往萬來'로서 표현하고자 했을 것이다. 해설본에서 말하듯이, 인간을 성의·정심·수신 등으로 가르쳐서 바르게 계도啓導하라는 의미는 아닐 것으로 판단한다.

 '만왕만래'는 그렇게 넘어가더라도, '용변부동본'은 좀 더 깊고 세심하게 한자의 뜻을 풀어 보아야만 된다. 먼저 '用變용변', '不動부동', '本본' 세 부분으로 나누어야 한다. 세 부분은 각기 다른 의미가 부여되게 된다. 우선 체용體用의 원리에서 '용변'은 '태극太極'인 '用용'으로 보고, '부동'은 '체體'인 '무극'으로 보아야 한다. 또한 '본'은 '盡本진본'과 같이 여기에서도 '반본返本'으로 보아야 한다. 즉, 음태극·양태극이 부동의 자리인 무극에서 떠났다가 다시 그 자리로 돌아온다는 뜻이다. 이렇게 풀면 다음 글인 '本心本본심본'의 세 글자도 쉽게 풀린다. '本본' 자를 '근본'이나 '기본'의 뜻으로 쉽게 해석해버리기 때문에 갈수록 풀이가 어려워지는 것이다.

8. 本心本太陽 昂明

本心本太陽 昂明
    본 마음이 본 태양이니 밝게 빛나리라.

以上
    이상의 말은

齊家治國平天下等事也
    수신제가치국평천하 등의 일이다.

단사정해 丹史正解

  앞서 언급했듯이, '本心本본심본'의 '本' 자도 '반본返本'의 뜻이다. 마음 심心 자는 '무극無極'으로 보아야 한다. '태양太陽'은 날마다 동에서 뜨는 '태양'을 의미하지 않는다. '析三極無석삼극무'에서 음태극·양태극·무극으로 분명히 나눠놓았으므로, '태양'은 '음태극·양태극'을 뜻한다.

  '昂明앙명'은 앞서 '妙衍묘연'과 같이 시의 대구법에 맞추어 뒤쪽에 위치해 의미를 부여하였다고 보면 된다. 또한 『대학大學』에 '격물치지格物致知'에 관해, "나의 지식을 극진하게 이루는 것은 사물의 이치를 궁극에까지 이르는데 달려 있다(致知在格物), 사물의 이치가 궁극에 이른 다음에 내 마음의 지식이 극진한데 이른다(格物而後知至), 이것을 일러 나의 지식이 극진한데 이르렀다고 한다(此謂知之至也)."라는 세 구절이 나온다. 따라서 '昂明'은 이 '格物致知격물치지'와 뜻이 상통하는 점이 있는데, 천부경이 나타내는 궁극적인 우주 만물의 이치를 깨달아 지식이 분명하고 극진한데 이르러야 활연관통豁然貫通의 경지에 이를 수 있다는 것이다.

즉, '本心本太陽昂明본심본태양앙명'이라는 것은, 음태극도 중심인 무극으로 돌아오고 양태극도 중심인 무극으로 돌아온다는 원리를 우리는 하늘과 땅을 우러러보면서 분명하게 깨달아야 한다고 풀이해야 하는 것이다.

9. 人中天地一 一終無終一

至戌亥之會
    술해에 이르러 모이면

天地人物 莫不壞滅
    천지인의 물질이 멸하지 아니함이 없으나

無終者 惟此眞一也
    끝남이 없는 것은 오로지 이 태일 뿐이다.

故曰 人中天地一
    그러므로 사람이 중에 들어서면 천지와 하나가 되나니

一終無終一
    태일로 되돌아와 마치면 끝없는 하나가 되어 영원히 사라지지 않는다.

道家之守中抱一者 此也
    도가에서 중심을 지켜 태일을 껴안는 것이 이것이요.

佛家之萬法歸一者 此也
    불가에서 만법귀일이라 함이 이것이니

猶未乃也
    아직은 이내 이에 이르지 못했느니라.

至於三年乳哺
    삼년 유포의 선도수련과

九年面壁

구년 면벽의 불도수련하여

至於無極以後

무극에 이르게 된 이후에

了當也

마침내 자연과 하나가 되어 마침이 마땅하니라.

단사정해 丹史正解

　천부경에서 끝내는 말인 '一終無終一일종무종일'의 '종무종'은 앞선 '一始無始一일시무시일'의 '시무시'와 '本心本太陽본심본태양'의 '본심본'과 연관이 있어 보인다. 한시漢詩에 대대待對로 쓰는 법이 있듯이, 천부경에서도 반복되는 틀 속에서 말을 부드럽고 묘하게 연결하면서도 잊어서는 안 되는 의미를 다시 한 번 전달하려고 하는 것이다.

　'人中天地一인중천지일'을 마지막으로 잘 해설해야 천부경의 시종始終과 반본返本하는 이치 속에서 사람의 존재를 정할 수가 있다. 가운데 중中 자를 어떻게 보는가에 따라 사람의 위치가 달라지게 된다. 천지인天地人은 삼재三才라고 보아, 사람이 우주 만물에서 하나의 독립된 개체라는 점을 분명하게 언급했다. '人中天地一'에서 '中'을 '가운데'라는 뜻으로 해석하면 그럴듯할 수 있지만, 앞서서 없을 무無, 마음 심心과 마찬가지로 가운데 중中도 '무극'으로 보아야 해석이 훨씬 매끄럽다.

　이와 같이 절대적인 무극 자리에서 양태극과 음태극이 나누어졌다가 귀일歸一하면, 무극無極·양태극陽太極·음태극陰太極의 삼극이 조화옹造化翁이 되어서 우주의 생명이 항상 춤을 추게 되는 것이다. 천부경의 '人中天地一'을 정확히 표현하자면, 사람도 '中'인 무극無極으로 '天'인 양태극과 '지地'인 음태극과 함께 귀일한다는 의미이다. 천부경 81자 대각선으로 봐도, 無무에서 六육으로, 다시 六에서 中으로 가는 것이 서로 교차를 이루므로 中을 무극으로 보는 것이 맞다고 본다.

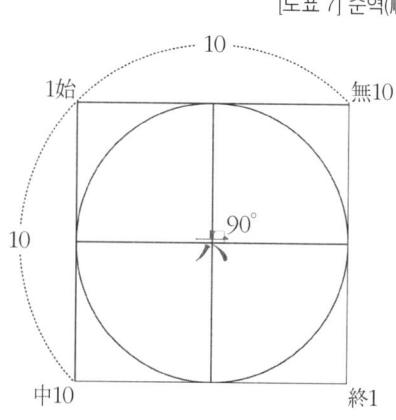

[도표 7] 순역(順逆) 풀이

1) 1→10 은 '역(逆)'
   10→1 은 '순(順)'
2) 90°×4 = 360
3) (10×4) - 4 = 36

∴ 無對中 故 中則無極
: 무극과 가운데 중은 대각을 이루니 가운데 중을 무극으로 봐야한다.

천부경 9×9인 81칸에서는 1에서 無로, 무인 10에서 다시 1로 가고, 1에서 다시 中인 10으로 갔다가, 1로 복귀한다. 여기에서 땅을 나타내는 사각형의 상하좌우에서도 『주역』의 순역順逆과 김일부『정역正易』의 도역倒逆 원리가 전개된다. 그래서 4×10인 40의 수가 나오고 그 직각인 90도×4인 360가 나온다.

땅을 나타내는 사각형에서 중심수인 6을 향하여 1에서 6으로, 또 1에서 6으로, 無에서 6으로, 9에서 6으로, 1에서 6으로, 또 1에서 6으로, 中에서 6으로, 3에서 6으로 향하고 있다. 이것을 『주역』의 순역順逆 원리를 적용하여 중앙 6수를 향하여 마지막으로 싸고 있는 수를 가지고, 위와 같이 5×3+7×3인 36수를 도출해 낼 수가 있다.

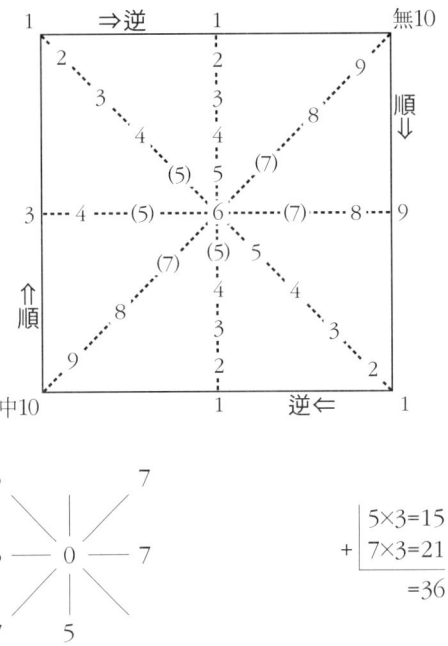

[도표 8] 중앙 수 六(6)을 기준한 순역 풀이

    천부경은 9×9인 81칸에 31자의 수와 50의 글자를 묘하게 배치하여 잠시도 쉼 없이 흐르는 우주의 무변광대無邊廣大한 변화를 '숫자의 생성원리'[2]를 이용하여 최초로 표현을 했다고 볼 수 있는 것이다.

---

2   "오늘날 전 세계인이 유일하게 공통으로 사용하고 있는 숫자의 기원을 밝혀 줄 고대 경전으로 모든 철학사상의 근본이라 할 수 있는 우주 만물의 탄생과 소멸의 과정인 조화와 순환의 법칙을 우주, 천, 지, 인을 근본으로 한 '숫자의 생성원리'를 통하여 자세히 밝히고 있습니다. 이 경전에 대한 역사적인 사실을 입증할 수 있다면 우리나라가 세계 최초의 숫자 창제국이라는 사실과 세계에서 가장 위대한 문화유산을 보유한 민족이라고 확신하며 모든 국민에게 소개하여 드리고자 합니다." (신성집, 〈천부경의 총체적 해설〉, 2006. https://blog.naver.com/koreadoc/110016721616에서 재인용.)

제6장
천부경 단사완해 丹史完解

1. 완해전문 完解全文

^{일 시 무 시 일}
一始無始一

^{석 삼 극 무 진 본}
析三極無盡本

    무극인 영(0)에서 양태극·음태극을 낳아

    두 태극(+, -)이 무극에서 갈라져 나와 반본귀일 反本歸一을 다한다.

^{천 일 일 지 일 이 인 일 삼}
天一一 地一二 人一三

^{일 적 십 거 무 궤 화 삼}
一積十鉅無匱化三

^{천 이 삼 지 이 삼 인 이 삼}
天二三 地二三 人二三

    하늘은 하나요 양의 수 1이요, 땅도 하나요 음의 수 2이요, 사람도 하나요 천天 1 지地 2의 수를 합한 3이라.

    하나하나가 쌓여 10으로 무극이 되고, 무극의 수 10을 빼면

3+3+3=9로 조화의 수 3이 된다.

하늘도 음태 양태로 나뉘어 음태도 천·지·인, 양태도 천·지·인을 낳고, 땅도 음태 양태로 나뉘어 음태도 천·지·인 양태도 천·지·인을 낳고, 사람도 음태 양태로 나뉘어 음태도 천·지·인 양태도 천·지·인을 낳는다.

大三合六生七八九 _{대 삼 합 육 생 칠 팔 구}

생수生數 천 1+지 2+인 3=6으로 후천의 성수成數 6이 되고 그 6수에 삼재三才의 생수 1·2·3을 나란히 더하여 7·8·9의 성수가 나온다.

運三四成環五七一 妙衍 _{운 삼 사 성 환 오 칠 일 묘 연}

천·지·인 3재와 동서남북 4방에서 3×4=12수가 나오고 둥근 수레바퀴 수 5·7·1에서 5×4+7×2+1×2=36이 나와서 수가 묘하게 늘어나 펼쳐진다.

萬往萬來用變不動本 _{만 왕 만 래 용 변 부 동 본}

수만 번을 왔다 갔다 하며 체용변화體用變化를 일으키나 무극인 부동으로 원시반본原始返本하는 것이요

本心本太陽 昂明 _{본 심 본 태 양 앙 명}

심心도 무극이라 본심본本心本이란 음태극인 太와 양태극인 陽이 끝없이 반본순환反本循環하는 이치를 우러러 분명하게 밝혀 준다.

人中天地一
인 중 천 지 일
一終無終一
일 종 무 종 일

> 사람도 하늘을 머리에 이고 땅을 밟고 양兩 태극太極의 속에 하나가 되어서
>
> 양태극陽太極 一도 무극無極에서 마치고 음태극陰太極 一도 무극無極에서 마치어 종終을 이룬다.

천부경은 동서양을 아울러 인류 최초인 우리 민족의 고대 경전으로 일컫는다. 만고세월萬古歲月을 흐르면서 성쇠부침盛衰浮沈이 거듭되는 속에서 앞선 최치원의 해설본을 보더라도, 우리 민족이 천부경의 진의眞意뿐만 아니라 역사성도 잊고 있었다고 여긴다.

천부경이 우리 민족의 가장 오랜 고대 경전으로 구두로 전해지다가, 신지전자神誌篆字[1]로 적혀지고, 최치원에 의해 한자로 적혀졌다. 따라서 우리말로 해석하여야 정확한 본래의 해석이 가능할 것이다. 그런데 대부분의 천부경 연구학자들이 중국 한문식으로 해석을 하는 것을 발견했으며, 그렇게 풀어 놓은 내용이 더 이해할 수 없는 현상을 볼 수가 있다.

1 　　신지전자(神誌篆字)에서 신지(神誌)는 고대 문자를 주관한 것으로 추정되는 벼슬로 '신지선인(神誌仙人)'이라고도 한다. 〈태백일사(太白逸史), 신시본기(神市本紀)〉에 따르면, 환웅시대의 신지혁덕(赫德)이라는 사람이 고대 문자를 만들었다고 하며, 〈소도경전본훈(蘇塗經典本訓)〉에서는 신지혁덕이 구전으로 전해지던 천부경(天符經)을 녹도문(鹿圖文)으로 기록하였다고 한다. 또한 단군시대의 신지발리(發理)가 〈신지비사(神誌祕詞)〉를 지었다고 하며, 옛 삼신 제사의 서원문을 기록한 것이라고 한다. (『한국민족문화대백과사전』〈신지(神誌)〉; https://encykorea.aks.ac.kr/Article/E0076066)

천부경이 반만년 이전부터 구전口傳으로 우주 만물의 시종반본始終反本의 이치를 31자의 숫자와 50자의 글자로 간략히 하여 의미를 부여하고 있다. 또한 천부경은 고대 천문관측 방법인 『주비산경周髀算經』원리를 담고 있고, 『주역周易』과 함께 도가道家, 유가儒家, 불가佛家, 서교西敎, 그리고 조선조 말에 등장한 김일부의 『정역正易』이르기까지 연관성을 지닌다.

고대 천문학天文學과 역학易學의 시원始元이자 동양철학의 근원根源이 되는 천부경을 바르게 분석分析하고 증명證明하여 최대한 알기 쉽게 천부경을 도표와 그림으로 설명하여 천손天孫의 후예後裔 되고자 한다.

2. 완해보충完解補充

(1) 一始無始一, 析三極無盡本

> 일 시 무 시 일
> **一始無始一**
> 석 삼 극 무 진 본
> **析三極無盡本**
> 무극인 영(0)에서 양태극·음태극을 낳아
> 두 태극(+, -)이 무극에서 갈라져 나와 반본귀일反本歸一을 다한다.

'一始無始一일시무시일'은 1·0·1로 양쪽 1은 -1과 +1을 말하므로, 음태극과 양태극으로 보아야 한다. 여기서 '始시'는 무극無極인 영零(0)이나 십十(10)에서 시작한다는 뜻으로, 낳는다는 뜻의 生생이나 혹은 나간다는 뜻의 出출로써 처음 시작이라는 시초始初로 보아도 된다. '無무'는 천부경에서 우주의 무한대를 표현한 영이나 십으로 십무극+無極을 나타내는 수이다.

천부경에서는 무극 속에 잠겨 있는 십일+-의 수를 아주 중요하게 여기고 있다. 사람 손가락 다섯을 셀 때 5와 6을 합한 11의 수는 손가락 굴신屈伸의 합수인데, 굽힌 수 5에서 손가락을 편 6을 합하여 11이 나온다는 것을 말한다. 이 손가락 굴신 과정에서 먼저 가운데 마디를 무극으로 가정한다. 여기에 음태극(-1)과 양태극(+1)이 잉태孕胎되어 있다가 나가면 양태극(+1), 음태극(-1)이 된다. 그리고 이것이 다시 무극으로 귀일歸一하면 또 영零(0) 속에 퇴장退藏한다고 보면 된다. 더불어 천부경 81자 중에 한 일一 자가 11개가 나온다는 것을 보아도 중요한 핵심이 되는 복선이 된다고 판단한다.

[도표 9] 십일귀체도(十一歸體圖)

	1	2	3	4	5	6	7	8	9	10	
	4	3	2	1	無(11)		-1	-2	-3	-4	
11 0					십 일 즉 여 영 十一則如零						0 11
	-4	-3	-2	-1	中(11)		1	2	3	4	
	10	9	8	7	6	5	4	3	2	1	

위 도표 9는 '십일귀체도+一歸體圖'를 그린 것이다. 이는 5+6인 11에서 시작하여 1-1=0이 곧 10이므로 무극이 되었다가, 무극인 공空(0)에서 각자 갈라져 태극이 되어 나가 +1과 -1로 다시 출발하는 것을 표현한다.

즉, 천부경의 시종원리를 표현한 것으로, 천부경에 나오는 숫자는 사람 양손 각각 다섯 손가락의 수를 벗어나지 않는다는 사실을 보여준다. 이로써 우주 만물 순환과정에서의 수리 이치를 누구나 바르게 깨달을 수 있다.

'析三極無석삼극무'는 +1인 양태극, -1인 음태극, 무無인 무극을 합쳐 '삼극三極'이 된다는 의미이다. 말하자면, 천부경에서 시작은 -1·0·+1로, 무극인 0에서 1태극의 수인 플러스(+)와 마이너스(-)로 갈라지는 모양을 쉽게 표현했다고 보면 된다. 상고시대인 태초太初로 거슬러 올라가, 천부경은 무극에서 바로 양兩 태극太極으로 갈라져 나갔다가 다시 반본순환하는 원리를 분명하게 밝혀주고 있는 것이다.

동양 우주론을 대표하는 경전인 『주역周易』부터 『도덕경道德經』, 송나라 신유학인 주렴계(1017~1073)의 『태극도설太極圖說』에 이르기까지 사상의 전개 과정을 분석하여 보면, '무극이태극無極而太極'이라고 애매하게 얼버무렸던 구절들이 천부경 81자를 통해 명쾌하게 풀리게 된다. 주나라 말에 노자는 『도덕경』을 저술했고, 공자는 『주역』의 주석서注釋書라고 할 수 있는 〈계사전繫辭傳〉, 〈설괘전說卦傳〉 등의 "십익十翼"을 저술했다. 그러나 이들도 천부경을 직접 접하지 않아서 인지, 우주관을 설명하는 데에 모두 한 부분에만 치우쳐 설명한 점을 볼 수가 있다.

하지만 공자는 『주역』의 〈계사전〉에서, "生生之謂易생생지위역으로 낳고 낳음을 역이라 이른다.", 〈설괘전〉에서, "數往者수왕자는 順순이요, 知來者지래자는 逆역이라. 是故시고로 易역은 逆數也역수야"라는 말을 남겼다. 여기서 '生生생생을 易역이라 이른다'는 말과 '易역은 逆數역수라'는 말을 보면, 공자께서 우주의 무한 바탕이 되는 '무극無極'이란 말을 숫자의 의미로서 직접 드러내지는 않았지만, 무한의 수인 영零(0), 즉 무극無極 수를 마음에 깔고 음양陰陽이 생성되는 역을 펼쳤다고 본다. 이 생생生生의 바탕을 무극無極으로 가정한다면, 無極而太極무극이태극이라는 말은 무극과 태극을 동일시한다는 의미라기보다 '무극이 태극을 낳는다'라는 '無極而生太極무극이생태극'으로 의미가 수정되어야 한다.

또한 공자께서도 『주역』에서 "是故시고로 易有太極역유태극하니 是生兩儀시생양의하고 兩儀生四象양의생사상하고 四象生八卦사상생팔괘하니 八卦定吉凶팔괘정길흉하고 吉凶生大業길흉생대업하나니라." 하면서, "이런 고로 역에 태극이 있으니, 태극이 양의를 낳고, 양의가 사상을 낳고, 사상이 팔괘를 낳으니, 팔괘가 길흉을 정하고, 길흉이 큰일을 낳는다."로 정의를 내렸음을 확인할 수 있다. 여기에서 '是生兩儀시생양의' 중 '是시'를 무극의 지시대명사로 가정하면, '음태극과 양태극을 낳는다'는 천부경의 '一始無始一일시무시일'과 부합된다.

그러나 다음 '兩儀生四象양의생사상'에서는 천부경과는 다르게 이분법二分法으로 전개해버린다. 『주역』은 음과 양을 가지고 2×2=4인 2배수로 가지만, 천부경은 천·지·인 삼재三才의 수 3을 가지고서 설명한다. 즉, 천부경은 삼재의 수 3과 음태극陰太極, 양태극陽太極으로 갈라진 수 2를 곱한 3×2=6을 가지고서, 다시 삼재三才의 수 3을 곱하여 6×3인 18수가 나온다. 여기서 무극에서 갈라져 나온 음태극 18과 양태극 18을 합하여 18+18=36의 수를 도출한다. 다시 무극 수인 10을 곱하면 36×10=360이 된다. 결과적으로 우주 만물의 시종始終과 순환반본巡還反本의 원리를 구현하는 둥근 원圓을 완성한다.

〈계사전〉 "一陰一陽之謂道일음일양지위도"의 '道도'는 공자가 태극을 말한 것이며, 『도덕경』 "道生一도생일 一生二일생이 二生三이생삼 三生萬物삼생만물"의 '道'는 노자가 무극을 말한 것이다. 즉, 노자는 무극을 알았고, 공자는 무극을 몰랐다는 것처럼 단정을 지으려 한 것이 송나라 신유학의 오류이다. 이와 같이 "無極而太極무극이태극이나, 自無極而爲太極자무극이위태극이라"는 것이 등장한 이후부터는, 공자의 도는 태극에서 출발했고 노자의 도는 무극을 알고 시작했다고 굳어졌다.

이후 조선조 말, 김일부金一夫는 〈대역서大易序〉에서 "洞觀天地無形之景통관천지무형지경은 一夫能之일부능지하고, 方達天地有形之理방달천지유형지리는 夫子先之부자선지시니라." 하였다. 즉, "무형인 무극의 수는 자신만이 알고 부렸고, 유형인 태극의 수는 앞서 공자님께서 주역의 음양의 도로써 펼쳤다"라는 말로써 김일부 자신을 드러낸 것이다. 그러나 김일부는 십익+翼을 들어 공자께서도 무극은 알지 않았나 하는 부연 설명은 했지만, 이에 대한 정확한 근거를 들지 못했다. 그 이유를 태초의 경전인 천부경을 접하지 못했기 때문이라고 단정하고자 한다. 김일부의 『정역正易』은 '一太極일태극, 五皇極오황극, 十無極십무극'으로 이론을 전개했다. 이 삼분三分은 천부경의 삼분과는 개념상 차이가 있다. 김일부의 정역과 천부경은 모두 천문력법天文曆法의 이론에 맞는 최적수리最適數理를 찾으려 했고 인간 사상에 도움이 되고자 했다는 점에서 같다.

(2) 天一一地一二人一三, 一積十鉅無匱化三, 天二三地二三人二三

天一一 地一二 人一三
천일일 지일이 인일삼
一積十鉅無匱化三
일적십거무궤화삼

> 천 이 삼 지 이 삼 인 이 삼
> **天二三 地二三 人二三**
> 하늘은 하나요 양의 수 1이요, 땅도 하나요 음의 수 2이요, 사람도 하나요 천天 1 지地 2의 수를 합한 3이라.
> 하나하나가 쌓여 10으로 무극이 되고, 무극의 수 10을 빼면 3+3+3=9로 조화의 수 3이 된다.
> 하늘도 음태 양태로 나뉘어 음태도 천·지·인, 양태도 천·지·인을 낳고, 땅도 음태 양태로 나뉘어 음태도 천·지·인 양태도 천·지·인을 낳고, 사람도 음태 양태로 나뉘어 음태도 천·지·인 양태도 천·지·인을 낳는다.

우주 만유의 세계에는 유무有無가 존재한다. 여기서 無무인 '무극無極'의 공간을 끼고 有유인 '음태양태陰太陽太'가 상하좌우上下左右로 균형있게 조절한다. 이러한 방식으로 수가 스스로 영원성을 유지하는 것이다. 이것이 흔히 말하는 '질량불변質量不變의 법칙'이라고 할 수 있고, 우주를 영원하게 하는 대경대법大經大法이라 할 수 있다. 즉, 우주 세계에서는 '종말終末'이라는 말이 있을 수가 없는 것이 된다.

천부경은 아래 도표 10에서 볼 수 있듯이, 수천 년 이전부터 우주가 영원불멸永遠不滅의 존재라는 것을 밝힌다. 이는 무극無極에서 양兩 태극太極을 낳고, 양兩 태극에서 천天·지地·인人 삼재三才로 나누어져, 삼재가 각각 음양陰陽으로 갈라져 다시 천·지·인 삼재를 낳는 것을 말한다. 즉, 간단하게 수로 셈하여 표현하자면, 0에서 출발한 1×3×2×3인 18이 양兩 태극인 2를 곱하든지(18×2), 둘을 더하든지(18+18) 36이 된다. 이 36에 우주 만유의 바탕수인 십무극(10)을 곱하면 36×10인 360이라는 원형圓形의 수가 도출된다. 그리하여 시종반본始終反本의 순환이 영원히 운

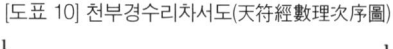

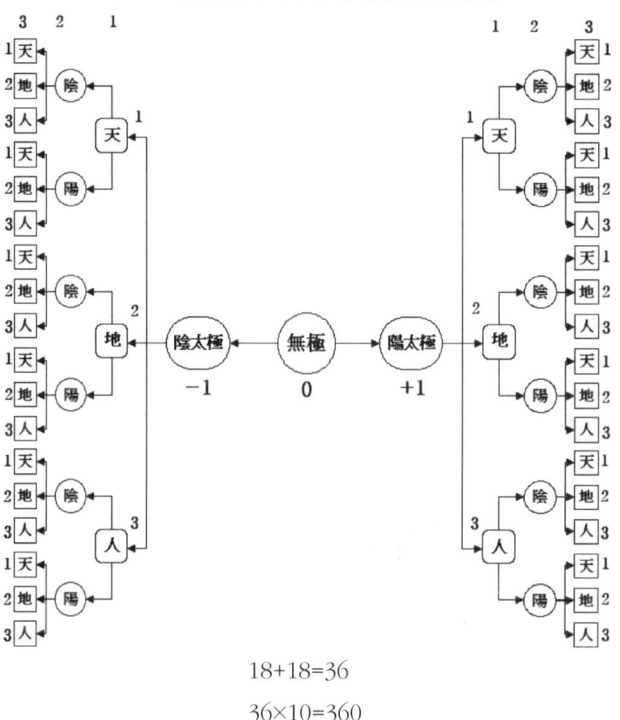

$$18+18=36$$
$$36 \times 10 = 360$$

행됨을 나타낸다.

    천부경은 0·1·3·6…으로,『주역』은 1·2·4·8…로 가면서 수리가 산출되는 것이 큰 차이이다. 반면, 일부一夫 김항金恒의『정역』은 1(태극)…5(황극)…10(무극)으로 가는 수를 극즉반極則反의 원리로 표현하여,『주역』의 순역順逆 원리를 응용했다. 극즉반의 원리를 명확하게 하기 위해서, 김일부는 "龍圖용도는 未濟之象而倒生逆成미제지상이도생역성하니 先天太極선천태극이니라. 龜書구서는 旣濟之數而逆生倒成기제지수이역생도성하니 后天无極후천무극이니라."라고 하였다. 이 또한 천부경의 반본反本의 이치와 상통하는 점이다. 김일부는 "易者역자는 曆也력야"라는 말로써 선·후천 세계라는 새로운 시간개념을 정했다.

천부경은 3이라는 수를 중심으로 삼았고 앞서 말한 '無極而生太極무극이생태극'로 전개하였다고 판단한다. 이와 같이 김일부의 정역도 5라는 황극皇極 수를 중심으로 삼아 1에서 10, 10에서 1로 설명하므로, 역시나 '무극이생태극' 논리를 전개하였다.

결국, 천부경의 삼재三才 수인 1·2·3과 『정역』의 오거중위황극五居中位皇極의 수가 5로 둘 다 우주운행 원형 도수를 산출해 낼 수가 있다는 점은, 수를 미시微示로 보냐 거시巨視로 보냐의 차이일 뿐인 것이다.

(3) 大三合六生七八九

> **大三合六生七八九** (대삼합육생칠팔구)
> 생수生數 천 1+지 2+인 3=6으로 후천의 성수成數 6이 되고 그 6수에 삼재三才의 생수 1·2·3을 나란히 더하여 7·8·9의 성수가 나온다.

태초부터 사람은 셈을 세기 위해 먼저 자신의 양손 열 손가락으로 수를 셈하기 시작해왔다. 이것은 아마도 사람 누구나 기본적인 본성일 것이다.

'大三合六대삼합육'에서는 1+2+3=6이라는 간단한 수의 도식이 나온다. "生七八九생칠팔구"에서는 앞서 나온 6에다가 생수 1·2·3의 수를 나란히 더하여 7·8·9의 성수를 도출한다. 천부경에서는 시종반본始終反本의 원리가 적용되므로, 무극의 수인 영零(0)과 십十에 이르는 열 한 개수를 하나하나 차례로 분석하여 본다면, 이는 천부경에서 펼쳐진 수리를 이해하는 데에 훨씬 도움이 된다.

첫째, '0'인 '零영'은 '靈령'으로, 대우주 전체와 그 일체를 표현하는 것이다. 만물만상의 근본인 령기靈氣로서 기氣가 충만한 상태의 무극無極이라고 한다. '0'은 음陰과 양陽이 동시에 존재하며 무한의 우주일체宇宙一切의 무無와 공空인 것이다. 천부경의 '一始無始一일시무시일'과 '一終無終一일종무종일'에서처럼 '0'은 +1과 -1의 사이에 있고 음양의 중화체中和體이다.

'大三合六生七八九대삼합육생칠팔구'에서 수의 차례를 1·2·3·4·(5+6=11)·7·8·9로 만들어 본다. 사람 손가락 다섯을 기준 삼아서 굽혔다 펴면 오굴육신五屈六伸이 된다. 이 굴신屈伸의 수 5와 6의 합은 11로서 양태극 +1과 음태극 -1이 영零에 충만된 상태의 무극으로 되었다가 다시 양태극 +1과 음태극 -1이 0(零)에 비운 상태의 무극이 되어 시종반본始終反本하는 것으로 천부경의 이치를 보여준다.

예를 들어, 숫자 1 다섯 개(11111)와 숫자 1 여섯 개(111111)를 나란히 그어놓고 곱하면, 11111×111111로 1234554321이 나온다. 이 수의 1234'55'4321 가운데 수인 5와 5를 더하면 10이 되기도 하고 5와 5를 빼면 0이 나오는데, 이러한 이치를 알면 천부경의 시종반본의 이치를 가늠할 수 있게 된다.

'0'은 시공時空이 없으며 형체가 없는 완전한 자유를 상징하기 때문에, '원형圓形'으로 그린다. 이는 순환循環을 상징한다. 우주는 본래 도는 것이다. 태양은 황도黃道를 돌고 지구는 적도赤道를 돈다. 이런 궤도는 둥근 원형인데 공전과 자전도 마찬가지이다. 하늘은 무형이지만 끊임없는 순환을 한다.

원형에는 '원圓'과 '구球'가 있다. 평면적인 것은 원이고 입체적인 것은 구이다. 원은 360도이고, 구는 360×360=129,600도이다. 지구의 1년은 360일이고 우주의 1년은 129,600년이다. 하루는 지구가 자전하는 도수이고 360도이다. 자전이 1년 360일을 돈다면 129,600도가 되어 우주의 1년과 같다. 하루는 평면 자전自轉이고 1년은 입체 공전公轉이다.

10은 만물이 구변구복九變九復을 하는 중심에 있다. 만물이 만왕만래萬往萬來하면서 9변과 9복을 하기 위해서는 적멸寂滅의 세계를 통과해야 한다. 천부경은 1에서 10까지 쌓인 수인 일적십거一積十鉅에서 무극수 10을 빼면 무궤無匱라는 말의 뜻이 풀리고, 수는 아홉이 남는다. 삼재三才로 천 1·지 2·인 3을 세 번 묶어 3+3+3=9가 되든, 곱하여 3×3=9가 되든 천지인의 수 3이 만물의 조화를 부리는 화삼化三이 되는 것이다.

零(0)과 10은 천부경에서는 무극의 수이자 中이요 空으로 1에서 9까지를 드러내기 위한 온전한 바탕의 수이다.

둘째, '1'은 생명창조生命創造의 근원수이자 시원수이며, 무형無形과 유형有形의 조화를 주도하는 매개체이다. 1과 1을 곱하면 1이 나오는 것과 같이(1×1=1), '1'은 나눌 수 없는 절대적인 수이다.

'1'은 '一始無始一일시무시일'에서 말했듯이 '0'인 무극을 가운데 두고 +1과 -1으로 갈라지는 것을 시작으로 '삼극三極'을 낳는다. 즉 '1'은 천부경에서 태극 수로서, 무극인 무형 세계에서 음태극과 양태극으로 나뉘는 만물의 시작을 나타내는 수이다. '天一一천일일 地一二지일이 人一三인일삼'에서 一(1)은 천·지·인 각각의 개체個體를 말하는 것이고, 뒤의 一(1), 二(2), 三(3)은 삼재三才의 수로 음·양과 차례를 말한다. '1'은 무극 속에서 음양합일陰陽合一로 만물을 낳는 씨앗을 의미하여, 씨앗 모양의 점點으로도 표현된다.

셋째, '2'는 음陰의 기본수이다. 짝수인 우수偶數의 최초의 단위로, 분산과 대립의 주체자이며 통일의 방조자이다. '2'는 자연수 차례로 보면 양인 하늘의 수 '1'의 다음인 수로서, 음인 땅의 수이다. 양인 1과 음인 2는 우주 작용에서 부모가 되는 수로, 종적인 시간 운동을 하게 된다.

'2'는 '地一二지일이'에서 보면 음의 최초의 기본 단위의 수이지만, '地二三지이삼'에서의 二는 음태극陰太極과 양태극陽太極으로 대등한 상호관계이다.

넷째, '3'은 '1'과 '2'의 순양순음純陽純陰이 합해진 수이다. '3'은 혼합체混合體로서 가양假陽이라고도 한다.

'3'은 '析三極無석삼극무'에서 말했듯이 무극·양태극·음태극으로 갈라진 우주 순환의 원리를 밝혀주는 생수生數이다.

'3'은 우주에서 천·지·인으로 나뉘고, 만물을 형성하는 시초의 수이다. 이는 삼재三才, 삼원三元, 삼령三靈, 삼극三極, 삼의三儀, 삼신三神 등으로 표현된다.

3才의 세 묶음을 표현하는 3×3=9라는 수식은 앞선 '無匱化三무궤화삼' 바른 뜻을 품고 있기도 하다. 이는 낙서가 지향하는 9수가 되고, 『서경書經』의 '홍범구주洪範九疇'와 '구궁九宮'의 틀이 되는 기본수가 된다.

'3'은 만물을 형성形成하는 시초의 수이다. 순음지수純陰地數 '2'와 순양천수純陽天數 '1'이 합하면 만물의 성형수成形數 3이 된다. 이러한 '3'이 삼각형三角形으로 균제均齊를 이루면 피라미드와 같은 구조물처럼 형체가 쉽게 무너지지 않는 강한 구조물이 탄생하기도 한다.

다섯째, '4'는 음의 분화수分化數이며 음성산수陰性散數이다.

'4'는 『주역』에서 말한 '양의兩儀'에서 '사상四象'으로 나뉘는 것을 표현하기도 한다. 즉 태음太陰, 소양少陽, 소음少陰, 태양太陽으로 갈라지며, 이는 다시 팔괘八卦로 발전하게 된다.

'4'는 동서남북東西南北인 사방四方, 춘하추동春夏秋冬인 사계四季, 청룡靑龍·백호白虎·주작朱雀·현무玄武인 사신四神, 원元·형亨·이利·정貞인 사상四常, 사람의 신체인 사지四肢, 인仁·의義·예禮·지智인 사단四端 등으로 표현된다. 여기서 사방의 수는 동 3+서 4+남 2+북 1로 10이 나오게 된다. 이 사방공간四方空間의 합수 10은 불가佛家의 '시방세계十方世界'가 되는 것이다.

여섯째, '5'는 1부터 9까지 수에서 중심이 되는 중앙수이다. '5'는 생수生數의 종점이자 성수成數의 시초로서, 만물의 중中이자 선천의 중수中數이다. 곧 '5'는 생수의 생장발전生長發展에 작용하여, 모순과 대립을 조절하는 중간中間 마디 역할을 하는 수이다.

'5'는 『서경』의 '洪範九疇홍범구주'에서는 다섯 번째인 '오황극五皇極'의 수로서, 상하좌우를 두루 회통會通하여 다스리는 중심수中心數이다. 앞서 언급했듯이, 김일부의 『정역』에서는 1을 태극, 5를 황극, 10을 무극으로 나누고 이 수리에 도역원리倒逆原理를 적용하여 선후천先后天의 변화를 설명한다.

'5'는 생수生數인 1·2·3·4에 각각 '5'를 더하면 성수成數인 6·7·8·9가 되어, '5'가 1·2·3·4(5)6·7·8·9로 기본수의 중심 역할을 하게 된다. '5'는 천수天數인 양陽의 기수奇數 1·3·7·9와 지수地數인 음陰의 우수偶數 2·4·6·8의 중심에서 천지 화합의 역할을 하는 수도 된다. 그러나 음양의 균형이 깨지면 반대로 강한 파괴의 수가 될 수도 있다.

일곱째, '6'은 천부경 '大三合六대삼합육'에서 '六육'은 천·지·인 삼재가 하나가 되어 나타난 기氣이다. '6'의 약수는 1, 2, 3인데, 이를 더하면 1+2+3=6이 나온다. 그래서 천부경에서는 '6'을 완전수라고 한다. 아래와 같이 '6'을 반복해 곱셈한 수에서 각 자리수를 더하고 더하면 동일하게 9가 되는데, 이는 '6'이 유일하다.

[도표 11] 6의 배수로 9를 도출하는 과정 설명

6×6=36 ⇒ 3+6=9
6×6×6=216 ⇒ 2+1+6=9
6×6×6×6=1296 ⇒ 1+2+9+6=18 ⇒ 1+8=9
6×6×6×6×6=7776 ⇒ 7+7+7+6=27 ⇒ 2+7=9
6×6×6×6×6×6=46656 ⇒ 4+6+6+5+6=27 ⇒ 2+7=9
6×6×6×6×6×6×6=279936 ⇒ 2+7+9+9+3+6=36 ⇒ 3+6=9
……

'6'은 천부경 81자의 중심수이다. 대각선상 '一일·六육·一일'과 '無무·六육·中중'에서 꼭지점의 수가 된다. 김일부의 『정역』에서는 '包五合六포오합육'이라 하여 '5'와 '6'을 더하여 '11'이 나오고, 이 '11'은 다시 '十退一進십퇴일진'이라 하여 '10은 물러나고 1이 나오니라'라고 하였다. 이 정역에서는 "中중이란 十十십십과 一一일일의 空공이라 하여 堯舜之闕中之中요순지궐중지중과 孔子之時中之中공자지시중지중"으로 설명하였다. 아마도 김일부가 천부경 81자를 직접 접하였더라면 수리에서 존공尊空, 즉 375-15=360이라는 셈으로 풀이하지 않았을 것이라고 생각하여 본다.

여덟째, '7'은 천지 화합의 중심수인 '5'에 '2'라는 음의 수를 가한 양의 수이다. '7'은 어떤 수로도 쪼개어지지 않는 강한 힘을 나타내는 수이다.

'7'은 곱수인(7×7) '49'는 우주를 상징하는 대연수大衍數 '50'에서 천지개벽 이전의 태극을 상징하는 '1'을 뺀 수가 49이다. 시초점蓍草占에서는 시초 50개 중 시초 1개를 빼놓고 양손에 49개를 쥐고 18번 변화를 거치면 주역 6효 점괘가 나온다.

'7'의 곱수인 49개 칸으로 그려진 『주비산경周髀算經』에서는, 구句 3, 고股 4, 현弦 5인 삼각숫자를 각각 곱하여(3×3=9, 4×4=16, 5×5=25) 9, 16, 25가 나오고 이를 더하면(9+16+25=50) 대연수 '50'이 나오게 된다.

'7'은 흔히 '북두칠성'의 뜻으로 알고 있지만, '二十八宿이십팔수'라고 풀어야 한다. 고대 중국에서는 하늘의 적도를 기준 삼아 네 방향으로 나누고서 여러 별들 중에서 7개의 별을 가려냈다고 한다. 이로써 4×7=28개로 구분하여 '宿수'로 정한 것이 이십팔수이다.

아홉째, '8'은 음의 완성수이지만, 짝수 중에서 가장 쪼개지기 쉽고 분열되기 쉽다. '八팔' 자의 모양 자체만 보더라도 좌우로 갈리는 모양으로 표현된다.

'8'은 '사방팔방四方八方'으로 보면, 사방四方의 수는 동 3+서 4+남 2+북 1로 '10'이 나오지만, 팔방八方의 수는 1+2+3+4+5+6+7+8으로 복희씨의 8괘 합인 '36'의 수가 나온다. '36'은 천부경의 음태극·양태극을 합한 18+18=36과도 일치한다.

'8'은 『주역』에서 "태극이 兩儀양의를 낳고 양의가 四象사상을 낳고 사상이 八卦팔괘를 낳는다"고 하여, 河圖하도와 兩儀四象八卦圖양의사상팔괘도가 그려지게 된다.

열째, '9'는 분열의 최대수로, 양陽의 만수滿數이다. 1부터 시작하여 9로 끝나는 문왕팔괘文王八卦와 낙서구궁洛書九宮의 궁극窮極의 수리이다.

'9'는 생수生數 중 양陽의 수 합으로, 1+3+5=9로 노양老陽의 9수가 되고, 노음老陰의 수 6은 생수 중 음陰의 수 합인 2+4=6이 된다. 이 노양과 노음의 합인 9+6=15가 되는데, 이 15가 낙서 구궁도의 종횡縱橫의 합수가 된다.

'9'는 9×9=81, 9×8=72, 9×7=63을 더하면 81+72+63으로 '216'이 나온다. 이 216수를 삼천이지三天二地의 원리로 나누면, 72+72+72=216으로 건지책乾之策의 수가 되고, 자연히 72+72인 144수는 곤지책坤之策의 수가 된다. 이 건곤乾坤 합수(216+144)인 360은 천지 우주 만물의 순환수가 된다.

'9'의 곱수인 9×9=81, 9×8=72, 9×7=63에서 십자리 수와 일자리 수를 합하면 8+1=9, 7+2=9, 6+3=9가 되어 각각의 합이 '9'가 되기도 하지만, 십자리 수 8, 7, 6과 일자리 수 1, 2, 3을 분리해 나누면 묘하게도 천부경의 삼재 수인 천 1·지 2·인 3이 나오게 된다.

끝으로 '10'은 곧 '0'이다. '10'이라고 하는 수리는 '9'의 꽉 찬 수에 다시 '1'이 추가되는 것으로, 차서 넘치게 되면 원래의 '0'으로 환원되어 버린다. 이는 '本心本太陽본심본태양'과 같이 무극無極인 '心심'의 자리로 반본反本하여 새로운 양兩 태극太極이 형성될 때까지의 공간空間을 의미한다. 이 공간은 수로 따질 수가 없는 우주의 무한수無限數이다.

'10'은 『정역』에서 "擧便無極거편무극이시니 十십이니라. 十便是太極십편시태극이니 一일이니라. 一일이 无十무십이면 无體무체요 十십이 无一무일이면 无用무용이니 合합하면 土토라 居中거중이 五오니 皇極황극이니라."²고 하였다.

---

2   『정역』〈십오일언〉

이는 무극은 10, 태극은 1, 황극은 5로 보고 '1'은 모든 수를 낳는 수의 근원이 되고, '5'는 생수生數를 성수成數로 전환시켜 새로운 변화를 일으키는 매개자媒介者이며, '10'은 1+2+3+4으로 음과 양을 모두 조화시킬 수 있는 완성수이면서 '시방세계十方世界'를 상징한다.

'10'은 한자로 '十'으로 정십자의 모양지만, 역수易數로는 십무극十無極이다. '10'은 사계절四季節을 분배하는 상징수이다. 5+5인 10은 봄·가을을, 4+6인 10은 여름·겨울을 의미한다.

'10'은 만물이 구변구복九變九復하는 중심에 있다. 만물이 만왕만래萬往萬來하면서 9변·9복을 하기 위해서는 적멸의 무극세계無極世界를 지나야 한다.

'10'은 1부터 10까지 쌓인 수인 '일적십거一積十鉅'에서 무극 수 10을 뺀다는 '무궤無匱'라는 말과 같다. 또한 남은 수 아홉은 삼재三才 천 1·지 2·인 3을 세 번 묶어 합한(3+3+3) 9가 되거나, 곱하여(3×3) 9가 된다. 여기서 '화삼化三'은 천·지·인의 수인 3을 가지고서 만물의 조화를 부린다는 말이 되는 것이다.

(4) 運三四成環五七一, 妙衍

> **運三四成環五七一 妙衍**
> 운 삼 사 성 환 오 칠 일 묘 연
> 천·지·인 3재와 동서남북 4방에서 3×4=12수가 나오고 둥근 수레바퀴 수 5·7·1에서 5×4+7×2+1×2=36이 나와서 수가 묘하게 늘어나 펼쳐진다.

천부경을 수리로 풀다 보면 5·7·1이라는 이 세 숫자가 참으로 묘하긴 하다. 이를 쉽게 보고서 원리에 맞는 설명을 하려고 누구나가 깊은 생각에 빠진다. 결국 전인前人들이 그럴 듯하게 남긴 글에서 헤어져 나오지 못하게 된다고 본다. 그 이유는 간단하다. 인류 최초의 경전으로 일컫는 천부경을 백대손百代孫이나 지난 주역서周易書만을 가지고서 풀어보려고 하기 때문이다.

앞서『주비산경』의 논리를 적용하여 5·7·1의 수에서 36을 도출하는 과정을 설명하였다. 천부경 '運三四成環五七一운삼사성환오칠일'이 우주 만물의 순환수인 36을 정립했다고 풀었으니, 그 후대에 생성된 어떠한 역리易理라도 이와 똑같이 36의 숫자가 도출되어야만 논리에 맞게 된다.

우선 복희팔괘도伏羲八卦圖에서는 1부터 8까지 더하면(1+2+3+4+5+6+7+8) 36의 수가 나온다. 문왕팔괘도文王八卦圖에서도 구궁도九宮圖의 수리를 따져 풀면 36의 수를 도출할 수 있다.

그런데 아주 근래에 발표된 김일부의 정역팔괘도正易八卦圖에서는 숫자의 배열상 36의 수를 끌어낼 수가 없었다. 따라서 김일부의 정역팔괘도의 수를 새롭게 재구성하는 것으로써 이 문제를 중점적으로 짚어 설명해보려 한다.

천부경의 五·七·一로 본 정역팔괘도正易八卦圖

김일부의『정역』에서는 후천 세계의 도래를 가상하여 수리數理, 천간天干, 지지地支, 오행五行을 적용한 미래에 쓰일 후천력後天曆을 만들었다. 역수易數의 가장 기본적인 원리를 담은 천부경을 직접 접하였더라면 달랐겠지만, 김일부는 무형지경無形之景인 십무극十無極의 수가 생성하는 이치를 자신만이 터득했고 선후천변화세계先后天變化世界를 열었다는 믿음을 가졌다.

천부경에서 수리의 시종원리始終原理는 '5'와 '6'이 중심수 역할을 한다. 이를 더하면 11이 되는데, 수의 바탕인 십무극十無極 속에서 음태극인 -1과 양태극인 +1이 함유含有되어 있다는 것으로 풀이된다. 이는 앞서 '析三極無석삼극무'에서 설명했듯이 삼극三極의 존재와 역할을 분명히 구분 지어 수리를 전개해야 한다는 말이 된다. 이처럼 천부경은 김일부의『정역』과는 달리, 미시적인 관점에서 다섯 손가락 굴신屈伸 과정에서 나오는 수 '5'와 '6'을 중심으로 하여 '終종'인 '無極而太極무극이태극'에서 '始시'인 '無極而生太極무극이생태극'으로 가는 순환과정을 약술하여, 무한반본과정無限反本過程을 앞선 '盡本진본'이라는 두 글자를 통해 표현하였다. 천부경 81글자 중에서 '1'이라는 숫자 11개, '本본'이라는 글자가 4개가 있다는 것도 우주무한반본순환과정宇宙無限反本循環過程을 81칸에서 간략하게 도식화하여 설명한 것으로 보면 될 것이다.

반면에, 김일부『정역』은 거시적인 관점에서 "五居中位오거중위하니 皇極황극이니라." 하여 '1'을 태극, '5'를 황극, '10'을 무극으로 정한 삼극지도三極之道를 중심으로 한다. 하도河圖와 낙서洛書를 표상물表象物로 삼아서, 수의 작용을 주역의 순역원리順逆原理와 같은 '도역생성원리倒逆生成原理'로 풀었다.

"易역은 逆也역야니 極則反극즉반하니라." 곧, "逆역은 거슬러 가는 것이니, 極극에 도달하면, 즉 돌이키는 것이니라." 하는 말은 '천하의 모든 이치는 極극하면 반드시 되돌아간다'는 것이다. 김일부『정역』에서는 나름대로 낙서의 역逆작용을 '역생도성逆生倒成'으로 하도의 순順작용을 '도생역성倒生逆成'으로 하는 독특한 4자 용어를 사용했다. 이는 도역작용

倒逆作用으로 무극에 이르렀다가 반본反本하여 다시 무극으로 가면 '무극지무극無極之無極'으로 끝나는 것이다. 이것이 바로 『정역』의 도역생성원리倒逆生成原理의 핵심이 된다. 하지만 '무극지무극無極之無極'에 반본反本을 적용하게 되면, 정역에서는 반본의 의미를 가진 '본本' 자를 2개만 적용하는 것이 된다. 다시 말하자면 천부경의 '음태극陰太極·무극無極·양태극陽太極'이 시종반본始終反本 순환하는 과정에서는 '本' 자가 4개 적용된다는 사실과는 위배違背가 된다.

『정역正易』의 사상적 근원인 선후천세계先后天世界

정역사상正易思想은 선천에서 후천으로, 유형지리有形之理에서 무형지경無形之景으로, 억음존양抑陰尊陽에서 정음정양正陰正陽으로 가는 선후천의 변화원리를 정리한 것이다. 이로써 역도易道의 근원을 정리했지만, 『주역』의 이분법二分法적 관점이 가지는 한계를 탈피하지 못했다.

천부경은 정역과는 그 시작부터 다르다는 점을 유의해야 한다.

먼저 천부경 '析三極無석삼극무'에서 '三極之道삼극지도'를 -1은 음태극, 0은 무극, +1는 양태극으로 나누고서 양兩 태극太極에 천天 1, 지地 2, 인人 3인 '삼재지도三才之道'를 적용하는 것이, 정역과는 시작부터 다르다는 것을 알아야 한다.

천부경 '一始無始一일시무시일'은 수로 드러내면 101이 되어, -1, +1이 공空인 0에서 각각 출발하여 궁극의 자리에 이르렀다 다시 되돌아가는 '극즉반極則反'이 된다. 또한 '一終無終一일종무종일'도 수 101로 나타내는데, 양兩 태극이 다시 무극으로 회귀하는 한순간의 과정에서 마이너스(-1)인 태극도 1×3×6=18로, 플러스(+1)인 태극도 1×3×6=18로 되어서, 18

과 18을 더한 36수를 만든다. 이 36수에 무극 수 10을 곱한 360수(36×10)가 되어 원형圓形 수를 이루며 마친다.

김일부의 『정역』에서는 상편을 〈십오일언十五一言〉으로 제목을 정하였다. '十五一言십오일언'이란 십무극十無極과 오황극五皇極, 일태극一太極으로 나누어서, 원리로 보면 삼극지도三極之道이요, 현상現象으로 보면 천·지·인 삼재三才가 된다.

천부경이 다섯에서 여섯으로 세는 손가락 굴신屈伸 과정에서 나오는 포오합육包五合六의 5+6=11수를 가지고 무극이생양태극無極而生兩太極이 되는 반본순환과정反本循環過程을 그린다면, 반면에 정역은 1을 태극太極, 5를 황극皇極, 10을 무극無極으로 나누어 양 손가락을 합한 10수에서 포일합십包一合十의 1+10=11수를 가지고 무극이생태극無極而生太極인 극즉반極則反으로 반본과정反本過程만이 그려졌다.

김일부의 『정역』은 하도河圖·낙서洛書의 선·후천에 관해서 다음과 같이 설명한다. 10에서 5를 거쳐 1로 마치는 것을, 『주역』에서는 하도河圖는 '선천先天'으로 순順작용이나, 『정역』에서는 도생역성倒生逆成이란 용어를 붙여 '후천后天'으로 본다. 또한 1에서 5를 거쳐 10으로 가는 것은, 『주역』에서는 낙서洛書는 '후천后天'으로 역逆작용이나, 이를 『정역』에서는 역생도성逆生倒成하고 '선천先天'으로 여긴다. 즉, 김일부의 '하도는 선천이요, 낙서는 후천이라'는 말은 기존 역학의 통설을 벗어나 새로운 수를 통한 시간적인 개념을 갖고 선후천을 설명한 것으로 본다.

천부경의 五·七·一의 시공간時空間

천부경 '運三四成環五七一 妙衍운삼사성환오칠일 묘연'이라는 이 10자는 우주 만물의 순환 수가 도출되는 과정을 표현하려고 한 것이다. 그러나 여기서 큰 문제는, 정역팔괘의 수로는 이 5·7·1의 수를 산출할 수 없다는 점이다.

복희팔괘도와 문왕팔괘도에서는 36수를 낼 수가 있지만 정역팔괘도에서는 36수를 도출해 낼 수가 없어서, 천부경의 반본원리反本原理를 바탕으로 수리數理와 도표圖表를 사용해 이 문제도 설명해보고자 한다.

정역팔괘도를 논하기에 앞서 언급해야 할 것이 있다. 1973년 중국에서 발굴된 '마왕퇴馬王堆[3] 3호분'에서 '백서帛書'라는 비단 두루마기 책이 나왔다. 이 책에는 낯선 두 개의 팔괘 배열이 있었는데, 주역의 팔괘와는 달랐다. 이를 중국 학자들이 맞춰 보고 난 후에, '연산역連山易[4]'과 '귀장역歸藏易[5]'의 팔괘도라고 결론지었다. 중국 문헌에서는 하夏나라의 역이 연산역連山易이고 상商나라의 역이 귀장역歸藏易이라 하고, 주역과 합해서 '삼역三易'이라고 한다. 이 연산역, 귀장역을 아래와 같이 문왕팔괘도文王八卦圖, 정역팔괘도正易八卦圖와 함께 그려 자세한 설명을 이어 나가고자 한다.

3 　　마왕퇴(馬王堆)는 1972년에 후난성(湖南省) 창사시(長沙市) 동쪽 교외에서 발굴된 전한(前漢) 시기의 무덤이다. 이 무덤은 3기가 발견되었는데, 장사국(長沙國)의 대후(軑候), 그의 처와 아들의 것으로 추정된다. 견직물, 칠기, 백화(白畫), 백서(帛書) 등 다양한 부장품이 발견되어, 한나라 문화를 연구하는데 중요한 자료를 제공하고 있다.

4 　　연산역(連山易)은 하(夏)나라 때에 신농씨(神農氏)의 이론을 바탕으로 만든 것으로 하역(夏易)이라고도 한다.

5 　　귀장역(歸藏易)은 은(殷)나라 때에 황제(黃帝)의 이론을 바탕으로 만든 것으로 은역(殷易)이라고도 한다.

[도표 12] 정역팔괘도(正易八卦圖), 연산역(連山易), 귀장역(歸藏易), 문왕팔괘도(文王八卦圖)

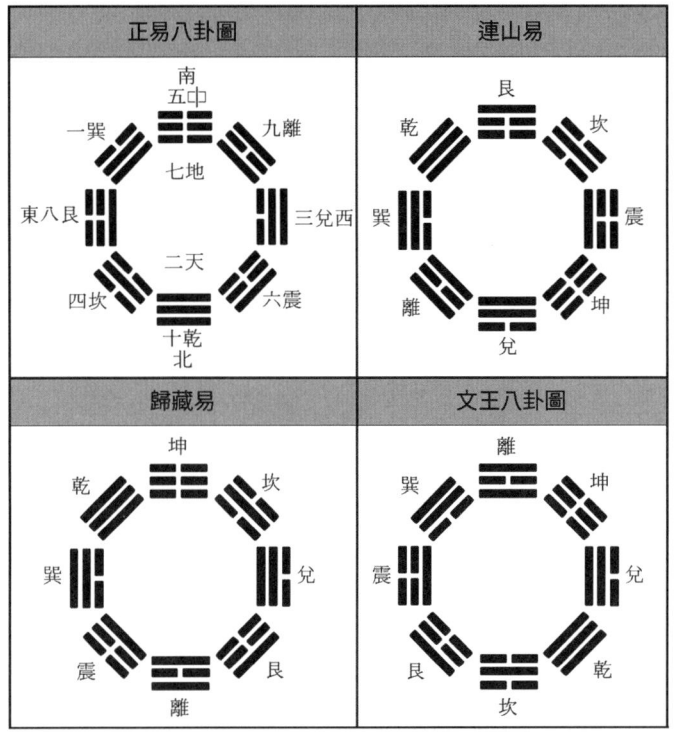

정역팔괘도(正易八卦圖)
건(乾)-진(震)-태(兌)-리(離)-곤(坤)-손(巽)-산(艮)-감(坎)
(태극문양, 乾·坤으로 마침)

연산역(連山易)
건(乾)-간(艮)-감(坎)-진(震)-곤(坤)-태(兌)-리(离)-손(巽)
(태극문양, 乾·坤으로 마침)

귀장역(歸藏易)
건(乾)-곤(坤)-감(坎)-태(兌)-간(艮)-리(离)-진(震)-손(巽)
(태극문양, 乾·艮으로 마침)

문왕팔괘도(文王八卦圖)
건(乾)-태(兌)-곤(坤)-리(離)-손(巽)-진(震)-간(艮)-감(坎)
(태극문양, 乾·巽으로 마침)

위 도표 12에서 위치에 상관없이 원형 배열의 순서로 볼 때, 연산역連山易, 귀장역歸藏易은 乾건에서 시작하여 巽손으로 끝남을 볼 수가 있고, 문왕팔괘도와 정역팔괘도는 乾건에서 시작하여 坎감에서 끝나는 것을 확인할 수가 있다.

그러나 후천도後天圖라는 정역팔괘도[6]를 연산팔괘도連山八卦圖와 비교 분석하면, 서로 팔괘의 위치는 다르다. 하지만 삼백육십 원형에 배열된 팔괘가 서로 乾건-坤곤, 艮간-兌태, 巽손-震진, 坎감-离리로 마주 보고 있는 꼴이 같음을 볼 수가 있다. 그렇다면, 설로만 전하던 4,300여 년 전 하나라의 연산역이 김일부에 의해서 정역팔괘도로 재탄생된 易역으로 보아 진다.

또한 『주역』〈설괘전說卦傳〉6장[7]의 내용을 보면, 복희팔괘, 문왕팔괘

6 　　정역팔괘도는 김일부 선생이 자의로 안배포치(按排布置)한 것이 아니요, 선생이 일찍이 계룡산 국사봉에 앉아서 수도할 때 그 도서가 허공 중에 나타나 소소력력(昭昭歷歷)한 것을 그려놓고 연구하다가 『주역』〈설괘전〉 제6장에 "神也者(신야자)는 妙萬物而爲言者也(묘만물이위언자야)"라는 일단의 문구가 바로 이 후후천의 팔괘를 소개한 것임을 확인하고 드디어 정역 일권의 학설이 나오게 된 것이다. 그러면 천지는 말이 없으므로 일부가 천지를 대신하여 천지의 말을 말한 것이라 하여도 과언이 아닐 것이다. 이 도서는 신해년(辛亥年, 1851년; 필자주)에 시작된 것이니 지금부터 약 백이십 년 전이었다. 백이십 년 전에 이미 천지의 운기(運氣)는 이렇게 돌고 있다는 것을 역력히 보여주었건만 세인이 몽매하여 알지 못하고 오직 일부 선생만이 이 도리를 처파(覷破)하여 우리에게 학술적으로 개시(開示)해 준 것이다. (문광, 『탄허선사의 사교회통사상』, 민족사, 2020.)

7 　　신(神)이란 만물(萬物)을 신묘하게 함을 말한 것이니, 만물을 동함은 우레보다 빠름이 없고, 만물을 흔듦은 바람보다 빠름이 없고, 만물을 건조 시킴은 불보다 더함이 없고, 만물을 기쁘게 함은 택(澤)보다 더함이 없고, 만물을 적심은 물보다 더함이 없고, 만물을 마치고 만물을 시작함은 간(艮)보다 성함이 없다. 그러므로 물과 불이 서로 미치며, 우레와 바람이 서로 어그러지지 않으며, 산(山)과 택(澤)이 기를 통한 뒤에야 변화하여 만물을 이루는 것이다.(神也者 妙萬物而爲言者也 動萬物者

로는 설명이 안 되고 있어, 공자가 또 다른 제3의 팔괘가 있다고 여운을 남긴 것으로 풀이되고 있다. 이는 주역 해설의 최고 권위자였던 주자朱子(1130~1200)도 "卦괘 그림을 말하는 것 같은데 잘 모르겠다."고 한 바 있다.

그러다가 조선 말 충남 논산에서 태어난 일부一夫 김항金恒(1826~1898)이 해결했다고 보는데, 그것이 바로 정역팔괘도로 본다. 이 괘도를 도출해 낸 것에 대해서 김일부의 행적行蹟에서 다음과 같이 전하는데, "과장적이고 신비스럽기는 하나, 자신의 눈앞에 팔괘도서八卦圖書가 여러 날 동안 떠다녀서 그것을 그려내 지었다"고 하였다. 주역도 미완성인 부분이 있고, 김일부의 정역도 미진未盡한 부분이 있다는 것을 암시해 주는 것이기도 하다.

공자의 역易과 일부의 역曆 철학

공자孔子는 십익十翼을 지어 철학적인 해설을 가하여 『주역』을 유교儒敎 경전經典으로서의 지위를 확립시켰다. 이 자리에서 주역이 미완성未完成이라는 말을 언급하는 자체는 과거 조선시대나 지금 시대도 조심스럽다.

역학자易學者들의 공통된 설은, 『역경易經』의 괘사卦辭는 문왕文王이 짓고 효사爻辭는 주공周公이 짓고 십익十翼은 공자가 지었다고 한다. 공자의 철학을 유추類推해보면, 관고무금觀古撫今 정신으로, 옛것을 참조하

莫疾乎雷 撓萬物者莫疾乎風 燥萬物者莫熯乎火 設萬物者莫說乎澤 潤萬物者莫潤乎水 終萬物始萬物者莫盛乎艮 故水火相逮 雷風不相悖 山澤通氣然後 能變化 旣成萬物也) (〈說卦傳〉 제6장)

여 그 당시 시대를 좀 더 나은 세상으로 인도하려고 한 것이 철학적인 특징이다. 『중용中庸』에서 언급된 "仁인이 바로 사람 人인이다."라는 말도 바로 유교가 사람 중심의 학문을 지향한다는 점을 드러낸다. 이로써 공자는 천부경 천·지·인의 삼재三才 중에서 '人中天地一인중천지일'에 해당하는 사상가思想家였다고 볼 수 있다. 또한 『논어論語』의 "述而不作술이부작 信而好古신이호고"[8]라는 말씀에서는, 공자가 앞선 선인先人의 이론을 근거로 삼아 논리를 전개하여 기술하고자 했다는 일념一念이 나타난다.

앞선 선인先人의 이론을 근거로 삼아 논리를 전개하여 기술하였다는 관점에서 볼 때, 공자께서는 역학의 시초가 되는 천부경天符經과 하夏나라 연산역連山易, 은殷나라 귀장역歸藏易에서 하도河圖, 낙서洛書, 주역周易으로 이어지는 역사易史를 참조하여 십익十翼이 지어졌다고 보인다.

『주역』의 〈계사繫辭〉는 본래 문왕文王과 주공周公이 지은 卦괘와 爻효인데, 여기에 공자가 다시 말을 추가하여 지은 것이 〈계사상하전繫辭上下傳〉이 된다. 易역의 시초인 천부경의 '析三極無석삼극무'라는 말도 〈계사상전繫辭上傳〉의 '一陰一陽之謂道일음일양지위도'와 '生生之謂易생생지위역'이 의미를 구현해주었다고 본다. 바꾸어 말하면, '一陰一陽之謂道'는 천부경의 음태극陰太極과 양태극陽太極을 이르는 말이 되고, '生生之謂易'은 무극無極을 이르는 말이 된다. 여기서 양兩 태극이 무극에서 순환반본과 정循環反本過程의 양경로兩經路를 밝혀주니, '易'은 천부경의 '一始無始一일시무시일'과 '一終無終一일종무종일'의 무극인 '無'로 시종반본始終反本하는 것

---

8   공자(孔子)가 말했다. 서술하기만 하고 지어내지 않으며, 옛것을 믿고 좋아하므로 스스로 나를 노팽(老彭)과 비교하고 싶구나.(子曰 述而不作 信而好古 竊比於我老彭) (『論語』 〈述而〉)

으로 유추類推해 본다.

우리는 흔히 역경易經이 상고시대에 문자가 없어 괘상卦象이라는 부호형태로 우주의 이치를 표현한 것이라고 추론한다. 상고시대인 5천여 년 전 태호 복희가 우주자연의 이치를 깨달아 그린 '괘상卦象'이 '복희팔괘'인데, 지금은 '선천팔괘'라 부른다. 그러나 천부경 '一積十鉅일적십거'를 보면 '數수'로 우주자연의 근본원리를 헤아렸으니, '수리數理'가 '괘상'보다 1천여 년이 앞섰다는 사실을 알 수 있다.

중고시대中古時代 은殷나라 말기, 주周나라 초기에 주나라 제후였던 문왕이 천자국인 은나라 마지막 왕 주왕紂王의 폭정으로 유리羑里 지방에 있는 옥에 갇혀 있을 때에 이른바 문왕팔괘를 짓고 64괘로 연역하였으며 각 괘에 괘사卦辭를 지었다고 전해지고 있다. 또한 문왕의 아들인 주공周公이 384효에 효사爻辭를 지었다고 전해진다.

천부경 '運三四成環五七一운삼사성환오칠일'은 우주자연의 순환원리를 위해 36수가 도출되는 것을 밝힌 글이다. 태초의 易역인 천부경으로 보면, '一終無終一일종무종일'이면 '向無極終兩太極향무극종양태극'이지만 '一始無始一일시무시일'이면 '自無極始兩太極자무극시양태극'이 된다. 천부경에서 삼재三才가 삼극지도三極之道에 부합하여 '析三極無盡本석삼극무진본'하는 무한반본無限返本하는 우주자연宇宙自然 순환원리를 깨우치면, 복희팔괘도伏羲八卦圖, 이를 기반으로 삼은 하夏의 연산역連山易, 은殷의 귀장역歸藏易, 주周의 문왕역文王易도 풀린다.

〈계사상전〉 5장 "極數知來之謂占극수지래지위점은 通變之謂事통변지위사로 陰陽不測之謂神음양불측지위신"이라는 말을 보면, 상고시대인 하나라에서부터 易역은 복관卜官인 제사장들에 의해 점사占辭로 발전되어 왔음을 알 수 있다. 현재까지 설로만 전하여 오던 연산역, 귀장역이 1974년 중국 호남성湖南城 장사長沙의 마왕퇴馬王堆 고분에서 발굴 출토된 백서주역帛書周易에서 존재를 가늠해주는 단서가 나왔기 때문이다.

하고시대下古時代로 보는 주나라 말인 춘추시대春秋時代에서는 유학의 조종祖宗인 공자가 복희씨의 팔괘, 문왕의 64괘 괘사, 주공의 384효사로 이루어진 『역경易經』에 이른바 "십익+翼"이라는 해설서를 붙임으로써, 오늘날의 『주역周易』으로 전해졌다.

공자의 '述而不作술이부작'이라는 말은, 공자가 역경 자체를 지은 것이 아님을 밝힌 분명한 말이다. 공자가 역경에 기술한 십익+翼이 제자와 진한대의 여러 학자들의 손에 의해 이루어진 것이라 할지라도, 역경易經과 역전易傳에 드리워진 주된 사상과 철학은 공자의 사상과 철학으로 대변되고 있다고 할 수 있다. 공자 사상과 철학의 대변서라 할 수 있는 역경의 〈십익전+翼傳〉을 분석을 해보면, 최초의 역인 천부경에서 복희 팔괘로, 그리고 연산역, 귀장역, 문왕역, 주역으로 이어가는 발전사發展史를 알고서 문왕 64괘사와 주공 384효사에 해설서로 공자십익孔子+翼을 지어 덧붙였다고 본다.

당시 주역이 점사위주占辭爲主인 '來來之易래래지역'으로 더욱 발전해가며 각자가 점괘占卦의 해석을 달리하면서 사회적인 병폐가 되자, 공자는 이를 고심하였다. 공자의 십익은 점괘로써 이 한 세상 헤아리기 어려운 미래를 알려고 점을 친다는 것을 부정하지 않으면서도, 미래의 좋은 점괘가 나오기 위해선 자신을 낮추는 겸손謙遜과 중정中正을 잃지 않는 삶을 미리 찾아야 함을 제시한 저술서著述書인 것이다.

김일부의 〈대역서大易序〉는 "夫子親筆吾已藏부자친필오이장하니 道通天

地無形外도통천지무형외로다"라고 했다. 즉, "공부자의 친필을 내 몸에 간직하니, 천지만물과 현상이 없는 밖 우주까지 일관하는 도를 통달함이로다."라는 말이다. 김일부가 공자의 십익원리十翼原理를 모두 자가체득自覺體得하여 계승했음을 뜻한다.

또한 "洞觀天地無形之景통관천지무형지경은 一夫能之일부능지하고 方達天地有形之理방달천지유형지리는 夫子先之부자선지니라." 하여, "천지의 형상이 없는 경지를 통달하신 것은 일부一夫가 능히 행하였고, 바야흐로 천지의 유형한 이치를 통달하심은 공부자께서 먼저 하셨느니라."라고 했다. 이는 김일부 자신이 바로 천지유형지리天地有形之理와 무형지경無形之景에 통달한 사람이라고 밝혔음을 뜻한다. 이 말 속에는 공자가 형체가 없는 '무형無形'인 '十無極世界십무극세계'를 모르고 십익十翼을 지었다는 말이 내포된다. 하지만 『주역』〈계사상전繫辭上傳〉을 보면, "乾之策건지책이 二百一十有六이백일십유육이요 坤之策곤지책이 百四十有四백사십유사라 凡三百有六十범삼백유육십이라."는 말이 나온다. 이는 "건의 책수가 216이요 곤의 책수가 144이다."라는 의미로, 이 두 수의 합이 360이 된다. 이 360이라는 수는 십무극과 같은 무극의 수이자, 空공이자, 零영인 것이다. 따라서 공자가 유형有形·무형無形의 세계를 모두 알고서 십익十翼을 지었다는 말이 된다.

김일부는 『정역』을 통해 역의 본질을 새롭게 규정했다. "易역은 曆력을 말함이니, 곧 易者역자는 曆也역야니라."라고 하여, 역학易學의 본질문제本質問題인 '變化之道변화지도'로서 '天地曆數原理천지역수원리'를 제기하였고, 인류문화 태초의 易역인 천부경의 천문수리天文數理에 제일 가깝게 접근하여 선후천변화원리先後天變化原理를 전개하였다. 김일부가 인류 태초의 역인 천부경을 접하지 못하고서도 신의 계시를 받은 것처럼 무극이태극無極而太極에서 무극이생태극無極而生太極하는 우주자연의 순환하는 수리數理를 도역원리倒逆原理로 밝혀 놓았기에, 송宋·명明·청淸 유유儒들이 천지역수天之曆數를 보는 견해들을 일거一擧에 뒤집어 놓았다고 본다.

김일부는 『정역』에서 "中중은 十十一一십십일일의 쑻공으로 堯舜之闕中之中요순지궐중지중이며 孔子之時中之中공자지시중지중이다."로 하여 "包五合六포오합육은 十退一進之位십퇴일진지위니라" 하였다. '包五合六은 十退一進之位니라'라는 말은 '五오를 싸고 六육을 머금어 十십은 물러나고 一일이 나오는 자리라.'로, 수평적水平的 의미인 무극이 태극을 낳는다는 의미로 무극이생태극無極而生太極이라 정의를 내렸다. 반면에 천부경은 5+6=11의 수를 공간적空間的인 의미로 무극이태극無極而太極에서 무극이생양태극無極而生兩太極으로 본다는 점에서 큰 차이가 있다.

[도표 13] 문왕팔괘도(文王八卦圖), 정역팔괘도(正易八卦圖), 용담팔괘도(龍潭八卦圖)

文王八卦圖

	5	7	
1	4	9	2	5
	3	5	7	
5	8	1	6	1
	7	5	

正易八卦圖

1	5	9
8	7/2	3
4	10	6

龍潭八卦圖

	5	7	
1	7	2	9	5
	8	6	4	
5	3	10	5	1
	7	5	

천부경 '運三四成環五七一운삼사성환오칠일'에서 보면, 원방각圓方角 원리를 통해서 원圓을 상징하는 360도의 수를 도출할 수 있는 핵심인 수가 5·7·1이다. 이 5·7·1의 수를 문왕팔괘도에서는 도출할 수가 있는데,

일부정역팔괘도에서는 5·7·1의 수가 도출되지 않는 문제점이 있다. 후천역도後天易道로 팔괘의 위치는 맞는다고 가정하면 수리의 적용이 잘못이 아닌가 본다. 그런데 팔괘의 위치는 정역팔괘와 같이하고 수리배치상 선천수 1은 빼고 6을 중앙수 5자리로 배치하여 그린 용담팔괘도龍潭八卦圖는 5·7·1의 수가 도출된다.

김일부가 조선조 말 역학에 대한 새로운 사상의 단초를 열어준 것은 대단한 업적이다. 만약에 선생의 손에 천부경이 쥐어졌다면, 더욱 명쾌한 대역서大易序를 펼쳐 나갔으리라 믿는다. 위 도표를 통해 보면 정역팔괘도의 수수數를 구궁도九宮圖인 마방진魔方陣에 붙여보았을 때 천부경 運三四成環五七一운삼사성환오칠일의 5·7·1 수를 도출할 수가 없다는 것에서, 일부정역도 수리數理에 미진未盡한 부분이 있음을 암시해준다.

'묘연妙衍'의 '연衍'은 '오십대연五十大衍數'이다

천부경 '妙衍묘연'은 "수가 묘하게 늘어나 펼쳐진다"로, 우선 말이나 되게 직역을 하였다. 그러나 공자가 말년에 위편삼절韋編三絶까지 할 정도로 심취한 끝에 지은 주역해설서 〈십익전十翼傳〉을 살펴보면, '50'의 수數를 "대연수오십大衍數五十"이라 하였고, 1~10까지 합인 55와 1~9까지 합인 45를 합한 일원수一元數 100의 중간수도 50이다. 『주역』 〈명서明筮〉에는 "數수에 붙인 근원은, 天천은 셋이고 地지는 둘이니, 이것을 敷衍부연하여 지극하게 해서 50이 이에 갖추어졌다. 이것을 大衍대연이라 하니, 하나는 비워두고 쓰지 아니하여 쓰여지는 것은 49개의 시초이다.(倚數之元 參天兩地 衍而極之 五十乃備 是日大衍 虛一无爲 其爲用者 四十九蓍.)"라 하였다.

천부경 運三四成環운삼사성환 5·7·1의 비밀은 『주비산경』의 도형으로 풀어볼 수가 있으니, 妙衍묘연에서 '衍' 자를 50의 대연수大衍數로 볼 수가 있다.

1·2·3·4·5는 생수生數로, 역易의 수리가 이 생수生數를 의지하여 나온다. 1·3·5는 천수天數로 3개이고, 2·4는 지수地數로 2개가 된다. 이를 합한 3+2는 5가 되고, 이 수를 음양으로 나누면 '參天兩地삼천양지'가 된다. 이 3+2=5에 무극 수인 10을 곱하면 5×10으로 대연수 50이 나온다. 이 대연수 50에다가 1을 제한 50-1은 49가 되는데, 이 49는 7×7로 실제 사용되는 '天地用數천지용수'가 된다. 하지만 『주역』 〈계사전〉에서 50에서 1을 제한 49를 시초蓍草 점에 사용하는 서수筮數라고만 언급하면서, 주역이 점서占書로 전락轉落하게 되는 계기契機가 되었던 것이다.

앞서 말했듯이 대연수 50이 주역에서 서수筮數로 보기 훨씬 이전부터, 천부경은 5·7·1이라는 수와 '妙衍묘연'이라는 단어로써 대연수 50을 우주 자연의 천문天文을 재는 기본수리로 여겼다. 5·7·1의 수리는 고대수학古代數學의 시작인 『주비산경周髀算經』을 통하여 무극이자 원圓임을 풀어준다.

『논어』〈술이述而〉에 "子曰자왈 加〈假〉我數年가〈가〉아수년 五十〈卒〉以學易오십〈졸〉이학역 可以無大過矣가이무대과의라"는 구절에서 대연수大衍數 오십五十은 마침내 졸卒이 아닌 그 당시 점을 쳐본다는 상용어로써 오십책五十策인 서죽筮竹을 50으로 표현되었다고 본다.

천부경 五七一妙衍오칠일묘연에서 그 해답이 풀려서 후대 공자님께서도 오십은 점괘를 내보는 말로 통용된 것이라는 심증을 갖고 한시를 지어 설명을 보태어 본다.

妙衍

묘연

述而學易不通營　논어 술이편 오십이 학역의 풀이가 잘못이 되어서
五十見齡羞得名　오십수를 나이로 본 수많은 이 부끄러운 이름을 얻었네.

筮策大衍占術發　서책 대연 오십은 점괘를 내는 최적의 수리요
算經規矩反本明　주비산경은 천문역법 수학으로 반본순환을 밝혀준다.

亂時懲忿自身出　난세에는 삼가 징계하는 마음은 자신이 찾아 보고
恒德知來使鬼鳴　한결같은 덕성으로 미래를 아니 귀신도 울고 간다.

歲壽假加三絶力　세수를 더하면 가죽이 세 번 끊어지도록 노력한다는 말에서
誰知其數治占聲　그 오십 숫자가 당시 점치는 상용어인 것을 누가 알았겠는가.

[2023년 9월 27일 단사(丹史)]

(5) 萬往萬來用變不動本

萬往萬來用變不動本 (만왕만래용변부동본)
수만 번을 왔다 갔다 하며 체용변화體用變化를 일으키나
무극인 부동으로 원시반본原始返本하는 것이요

'一始無始一일시무시일'로 시작하여 '一終無終一일종무종일'로 끝나는 천부경 81칸(9×9)에 써 있는 모서리 數수도 큰 의미를 가진다. 이 81칸 사각꼴의 모서리 글자는 왼쪽 위부터 시계방향으로 일·무·일一無一과 일·중·일一中一이다. 여기서 일·무·일一無一과 일·중·일一中一은 수리로 풀면 1·0·1과 1·0·1이 된다. 가운데의 0을 무극無極이자 십+으로 보면, 일·무·일一無一에서의 무無는 '무극이생양태극無極而生兩太極'으로 '비어 있는 무극'이 될 것이다. 또한 일·중·일一中一의 중中은 '무극이귀양태극無極而歸兩太極'으로 '꽉찬 무극'이 될 것이다. 체용體用의 자연순환원리自然循環原理에 의하면 무극인 공空에 찼다 비었다 하는 것은 지극히 당연한 이치라고 할 수 있다. 또한 주역에서는 순역順逆 원리라 하고 정역에서는 도역倒逆 원리라고 하면서, 극極에서 극으로 '만왕만래萬往萬來'하는 운동을 수치로 헤아려 다각적으로 설명하고 있다.

'用變용변'이라는 것은 무극無極인 '體체'에서 음·양의 양兩 태극이 작용하는 것을 뜻한다. '不動부동'은 무극인 '體'의 원래 자리를 표현한 말이다. 이 역시 일시무시일一始無始一로 시작해 일종무종일一終無終一로 마치는 과정 속에서 양兩 태극이 회귀반본回歸反本하는 이치를 역동적으로 표현한 것으로 보면 이해가 된다.

(6) 本心本太陽, 昻明

本心本太陽 昻明
본 심 본 태 양 앙 명
심心도 무극이라 본심본本心本이란 음태극인 太와 양태극인 陽이 끝없이 반본순환反本循環하는 이치를 우러러 분명하게 밝혀 준다.

'本心本본심본'은 양兩 태극이 무극無極인 공空으로 회귀반본回歸反本하는 지극히 짧은 순간인 찰나刹羅의 순간을 표현한 말이다. 말하자면 '꽉 찬 공空'이다.

천부경에서는 음태극陰太極과 양태극陽太極이 무극인 공空으로 반본反本하는 상태에 수치로 포오합육包五合六이 적용된다. 앞서 언급했듯이 굴신 과정에서 5와 6을 더한 수도 11이 되고, 왼손가락에서 오른손가락으로 넘어가는 5에서 6을 합한 수도 11이 된다. 이 굴신屈伸과 손가락이 넘어가는 자리가 공의 상태이고 곧 무극이자 영의 자리이다. 여기서 11이라는 수가 차 있는 것이다. 이 영 속의 11을 가르면 1과 1의 꼴이 되어, 음태극 -1과 양태극 +1이 합쳐진 상태를 표현하게 된다.

여기서 '太陽태양'은 太를 음태극으로 陽을 양태극으로 나누어야 풀이가 된다. 앞서 析三極無석삼극무의 析三에서 무극無極·음태극陰太極·양태극陽太極으로 갈라서 극이 셋임을 밝혔다. '本' 자는 음태극·양태극이 무극으로 반본하는 원리에 맞추어져 있다. 또한 태양太陽을 유형有形으로 가정한다면, 음태극을 음핵陰核으로, 양태극을 양핵陽核으로 볼 수도 있다. 이것이 무극인 공空에서 음·양이 핵융합核融合이 일어나게 되어 열과 앙명昻明의 빛이 발생하게 되는 것은 당연하다.

(7) 人中天地一, 一終無終一

人中天地一
인 중 천 지 일
一終無終一
일 종 무 종 일

사람도 하늘을 머리에 이고 땅을 밟고 양兩 대극太極의 속에 하나

> 가 되어서
> 양태극陽太極 一도 무극無極에서 마치고 음태극陰太極 一도 무극無極 에서 마치어 종終을 이룬다.

　천부경 81자 중에 처음 시작하는 '一始일시'의 '一' 자는 끝나는 '終一 종일의 '一' 자와 대각선상으로 마주 보고 있다. 마찬가지로 '人中天地인 중천지'의 '中' 자도 '析三極無석삼극무'의 '無' 자와 대각선상 마주보기 때문 에, '中'을 '무극無極'으로 풀어본다.

　천부경 81자 중에서 '無極'이라는 부동不動의 세계世界를 표현한 글자 를 꼽자면, 9개가 나온다. 없을 무無 자 4개와, 十십·成環성환·不動부동·

[도표 14] 인중천지일(人中天地一) 설명

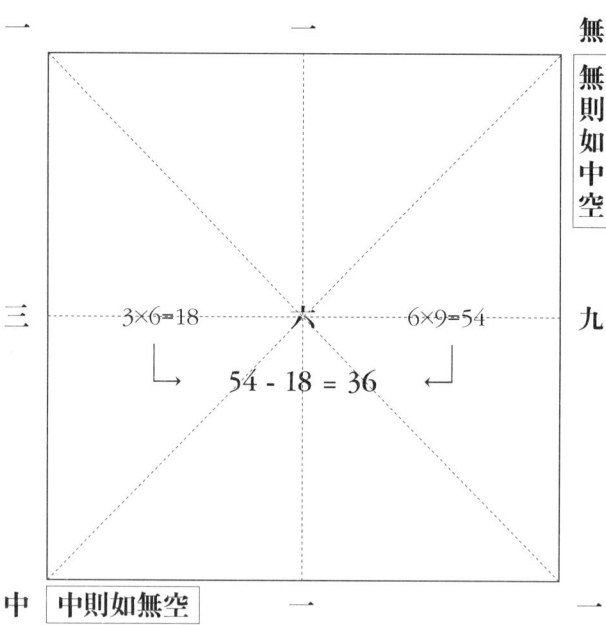

心심·中중 5개이다. 이 9개 글자의 뜻은 모두 360의 원圓이자 무극을 뜻한다. 또한 극즉반極則反의 원리에서 수數의 체용體用 관계로 따져 본다면 體가 된다.

우선 '人中天地一인중천지일'을 직역으로 풀어보면, 天一一천일일, 地一二지일이, 人一三인일삼에서 天一·地一·人一은 각각으로 나누어진 독립체로 삼재三才의 의미가 된다. 하지만, 天一·地二·人三을 수數의 이치理致로 따져 음양陰陽으로 나누어 본다면, 天은 1이자 陽이고 地는 2이자 陰이다. 그러나 人은 1+2=3으로 천지 음양이 합하여진 수 3이 된다. 이 '人一三인일삼'을 '人中天地一인중천지일'에 대입하여 수리로 풀어보면, 땅인 음태극陰太極과 하늘인 양태극陽太極이 합일생성合一生成한 것이 바로 사람이니, 인중人中과 무극無極은 동일한 뜻이 된다.

천부경은 인류 최초로 '人中天地一인중천지일'을 수리數理로 풀어 사람이 우주의 중심中心임을 밝힌 경전인 것이다. 현재 우리나라의 종교 중에서 유교·불교·기독교를 꼽아서, 이들의 종교철학사상을 천부경과 비교하여 수리로써 공통점을 밝혀 보려고 한다.

먼저, 유교는 공자의 사상으로 한자 문화권인 동아시아 국가들에서 정치·사회·문화의 가치관 형성에 깊은 영향을 주었다. 공자의 사상적 배경은 중국의 하夏·은殷·주周시대로 여기지만 그 사상의 근저根底가 된 '요순지궐중지중堯舜之闕中之中'과 '인仁' 사상의 바탕의 뿌리가 이 시대보다 훨씬 앞서 펼쳐진 인류 최초의 역인 천부경이 잉태孕胎한 인중천지일人中天地一이었다는 것을 이제야 알 수가 있다.

조선의 마지막 선비였던 김일부는 『정역』에 '십일귀체시十一歸體詩'를 남겼다.

"中중이란 十十십십과 一一일일의 空공이니라. 堯舜요순의 闕中궐중의 中중이니라. 孔子공자의 時中시중의 中중이니라. 一夫일부가 이른바 五오를 싸고 六육을 머금어 十십은 물러나고 一일이 나오는 자리니라. 제자들아 이 말씀을 밝혀서 들어라 제자들아."[9]

이 십일귀체시가 천부경의 '人中天地一인중천지일'의 의미를 가장 구체적으로 표현을 하였다고 본다. 그러나 천부경은 석삼무극析三極無에서 삼극三極인 무극無極·음태극陰太極·양태극陽太極과 삼재三才인 천天·지地·인人으로 나누어진다. 시종반본원리始終反本原理를 삼분법三分法으로 전개하여 풀어내 가는 천부경 '人中天地一인중천지일' 중요한 의미를 이해시키기에는 너무 간결하여 다소 미흡한 감이 있다.

[도표 15] 십일귀체로 표현한 종교의 무극세계관

	1	2	3	4	5	6	7	8	9	10	
불교(空) 11 0	4	3	2	1	無(11) 십 일 즉 여 영 十一則如零 유교		-1	-2	-3	-4	0 11 기독교(復活)
	-4	-3	-2	-1	中(11)		1	2	3	4	
	10	9	8	7	6	5	4	3	2	1	

다음으로, 불교와 기독교를 상징하는 수를 살펴보자. 불교는 영霙이자 공空인 '0'이, 기독교는 십자가 모양의 '열 십十(10)'이 표상이다. 천부경

---

9   中은 十十一一空이니라 堯舜之闕中之中이니라 孔子之時中之中이니라 一夫所謂包五合六十退一進之位니라. 小子는 明聽吾一言하라 小子야. (김재홍, 『正易과 산책』, 상생출판, 2019.)

에서 본다면, 불교의 '0'이나 기독교의 '10'은 궁극적으로 '무극無極'이다.

불교의 『반야심경般若心經』에서는 "色不異空색불이공, 空不異色공불이색, 色卽是空색즉시공, 空卽是色공즉시색"이라 한다. 여기서 空공을 무극으로 色색을 태극太極으로 보면, 중국후대역학中國後代易學의 이론인 '무극이태극無極而太極'이라는 말과는 부합된다. 그러나 천부경은 '析三極無석삼극무'에서 분명하게 무극無極, 음태극陰太極, 양태극陽太極으로 나누어서 시종반본始終反本 순환의 과정을 일시무시일一始無始一과 일종무종일一終無終一로 정의하였고, 이 끝없는 반복反復을 진본盡本으로 정리하였다.

마지막으로 기독교에서 말하는 '부활復活'의 의미는 표현이 다르지만, 천부경의 시종반본始終反本과 『정역』의 극즉반極則反 원리와 상통한다고 본다. 천부경 '人中天地一인중천지일'에서 보면, 사람도 천지天地와 마찬가지로 천天은 양陽으로 남男이 되고 지地는 음陰으로 여女가 되어 양兩 태극太極을 이룬다. 여기서 중中인 무극無極에서 합일合一되면 일종무종일一終無終一로 반본한 것이지만, 다시 바로 일시무시일一始無始一로 돌면 생성生成의 과정이 되므로, 이는 곧 '부활'이라고 할 수 있다.

결국 정리하자면, 유교의 '中중', 불교의 '空공', 기독교의 '十십'은 각 교단의 상징 수리를 뜻하지만, 천부경 수리로 보면 모두 극즉반極則反의 중심 수가 되므로 무극수無極數를 의미하게 된다.

각 교단들이 갖고 있는 종교철학적인 신비한 영역인 '귀신鬼神'에 대해서는 공자의 『논어』〈선진편先進篇〉의 말씀으로 대신하고자 한다.

"계로季路가 귀신의 섬김을 묻자, 공자께서 '사람을 잘 섬기지 못한다면 어떻게 귀신을 섬기겠는가?' 하셨다. '감히 죽음을 묻겠습니다.' 하자, 공자께서 '삶을 모른다면 어떻게 죽음을 알겠는가?'" 하셨다.(季路問事鬼神

子曰 未能事人 焉能事鬼. 敢問死 曰 未知生 焉知死.)

　　신神·령靈은 각 종교에서 각자의 사상철학으로 설명하므로, 공자처럼 부정도 긍정도 하고 싶지 않다. 다만, 유가儒家적인 소양을 가진 자로서 보건대, 손가락 굴신 과정에서 나온 포오합육包五合六은 십일十一이라는 수를 가운데로 삼아 삼극三極인 무극無極·음태극陰太極·양태극陽太極이 합쳐졌다가 나누어졌다 하는 원리로써, 천부경의 시종반본始終反本과 용변부동본用變不動本이다. 이 과정이 바로 우주자연의 무극대도無極大道라는 것을 수리로 밝혀주는 것이다.

제7장
천부경종론시天符經終論詩

1. 초감천부경시初感天符經詩

2021년 끝자락에 처음 천부경을 접하여 보고 그 신비감에 여기저기 관련 자료들을 탐색했었다. 그러나 해설자들 각자가 천부경을 중구난방衆口難防으로 풀어가는 모습에서 황당함을 느꼈다. 그래서 이 책 〈천부경 정해正解〉를 쓰면서 한시를 우선 지어 부동심의 기틀을 삼았다.

初感天符經
처음 천부경에서 느낀 감정

陰陽一太始無明　　일음 일양 태극이 무극에서 시작됨을 분명히 알면
方覺天符三析名　　천부경의 세 개의 갈라지는 이름을 깨우치게 된다.

兩太抱中窮極反　음태·양태가 무극을 끼고 움직이다 다하면 뒤돌아가니
一空一體用分成　공은 열십으로 체가 되고 양쪽 일은 용으로 갈린다.

四方三氣環輪作　사방에 삼재에서 360도의 바퀴를 짓고
五屈六伸先後迎　수지 다섯에 굽히고 여섯에 펴니 선후천을 맞는다.

萬往萬來終始裏　수천만 번 오가는 시종일관 움직이는 속에서도
本心不動至當生　무극은 가운데서 움직이지 않으니 당연한 이치이다.

[2021년 10월 26일 단사(丹史)]

2. 천부경종론시 天符經終論詩

　천부경 자체가 수리역학數理易學의 시초임을 보여주는 81자의 짧은 글이다.

　수천만 년을 면면히 이어 내려온 전인前人과 후인後人 사이의 역사歷史에서 공평한 잣대를 가지고 천부경 정해正解의 글을 쓰려고 노력을 하였다.

　천부경이 만유우주자연萬有宇宙自然의 심오한 이치를 수리로 간명簡明하게 밝혀 준 것에 감탄하며 유학자儒學者로서 5언시 4×9=36행으로 시를 지어 다시 한 번 수로써 무극無極의 의미를 드러내 보이며 마친다.

不文上古代	문자가 없던 상고시대부터
天孫口傳出	하늘이 내린 후손들의 입에서 입으로 전했네.
於赫命天經	아! 위대한 명령 천부경이여
聿修生文筆	마침내 천손이 쌓은 덕에 글로 남겨졌구나.

亂世三千歲	어지러운 세상 다시 삼천 년을 거치며
絶此玄同質	천부경의 도와 함께하려는 마음의 자세가 끊어졌다.
析三極無理	무극, 음태극, 양태극으로 갈라진 삼극의 이치가
易卦爲留物	주역 괘가 이분법으로 전개하니 쓸모를 잊었다네.

河洛索本元	하도, 낙서는 천부경 본래의 근원을 찾을 수가 있어서
一杯視溟渤	한 잔의 술 빛에서 넓은 바닷물을 보는 것 같구나.
競著策日施	다투어 시초를 뽑아 점을 치는 것에만 날로 성하여 가니
仲尼心鬱鬱	공자님의 마음은 울울하고 씁쓸하게만 하는구나.

象數加義理	공자님께서 상수역에 의리역의 십익을 보태어
闕中允執悉	서경에서 전하는 윤집궐중의 예를 다 했다.
學易韋三絶	역을 배우려는 노력으로 가죽끈이 세 번 끊어졌으나
乃天喪未實	하늘이 끝내 버렸으니, 결실은 거두지는 못하였구려.

五七一妙衍	천부경 5·7·1 묘연의 수리를 풀어내려면
圓方角不闕	원방각 원리인 주비산경이 빠질 수가 없다.
三儀陰陽合	천지인 3과 음양의 2가 합하여

往來不動室	부동의 무극세계를 수만 번을 오고 가리라.

無卽中空十	없을 무자 무극은 바로 가운데 중, 빌 공, 열 십으로
十一不可掘	가운데 수 5+6은 11이 무극이 됨을 지울 수가 없다.
一除一則零	1에서 1을 제한 것이 바로 0인 공이 되듯이
一始無始一	+1·0·-1로 순역반본順逆返本하는 이치로구나.

今兩力洞觀	지금 시대에 부상하는 양자력을 꿰뚫어 보자면
本心本有律	천부경 본심본에서 원칙을 만들 수 있다.
黑洞引量子	우주의 중심 블랙홀에서 양자를 빨아들여 토하면
輪廻生死疾	죽고 사는 반복의 질통이 끝없이 돌아가리라.

習般若經人	반야심경을 익힌 불교인이여!
空卽無覺日	공이 바로 무극의 세계임을 깨달은 순간에
兩極推色知	음태극, 양태극이 색을 가리킴을 바로 안다면
龍華云後佛	용화세계의 미륵부처라 이르리라.

三析天符論	양태극과 무극으로 나눈 천부경 종시의 논리로 본다면
精一執中日	유학의 정일집중이 천부경에 가장 가깝다고 말하고 싶다.
包五合六明	손가락 굴신의 수 포오합육에서 증명이 되듯이
不作惟終述	술이부작의 정신으로 나는 군더더기를 붙이지 않으리라.

[2023년 7월 17일 단사(丹史)]

【글을 마치며】

단사이력丹史履歷

선비 유학 정신의 제일 아름다운 덕목인 겸손한 마음을 저버리고, 스스로 자신의 명호名號을 앞세워서 단사사실丹史事實과 행적行蹟이라는 제목으로 시를 지은 이유를 변명하고자 한다. 일부一夫 김항金恒 선생이 『정역正易』〈대역서大易序〉의 다음 글로 일부사실一夫事實과 행적行蹟이라는 제하題下로 글을 전개한 예를 참조하였다는 점을 밝힌다. 천부경 역해譯解의 글을 마치며 나 스스로를 간단하게 드러내기 위해 단사사실丹史事實과 행적行蹟이라는 제목으로 하여 한시로 지어 보았다. 시의 운자韻字는 『주역』의 "易本義圖역본의도"에 나온 한시에서 紛분·根근·言언·孫손·論론과 身신·貧빈·人인·根근·春춘을 차운次韻했음을 밝힌다.

1. 단사사실丹史事實

天符眞僞萬紛紛　천부경이 진짜냐 가짜냐 여러 의견이 분분하지만
數列生成正理根　천부경 수의 생성 배열은 이치가 바른 근본이라.

三析極無終始貫　음태·양태·무극으로 나뉘어 시종여일 반본순환으로
一空一倒逆用言　천부경 시종 1·0·1은 역학의 도역원리가 적용 되었네.

焚書秦代失本幹　진시황 분서갱유로 주역의 근본의 줄기를 잃었지만
復道宋時不立孫　송대 역도 회복 운동도 본래의 뿌리를 찾지 못함이라.

盤古化翁原意索　반고 조화옹의 천부경의 뜻을 아는 이로 말하자면
我馬丹史最高論　아마도 신단사申丹史가 최고라 말할 것이다.

[2022년 11월 3일 단사(丹史)]

2. 단사행적 丹史行蹟

平山壯節後孫身　평산 신씨申氏는 장절 신숭겸의 후손으로
麗國開初名不貧　처음 고려를 세우는데 명성이 적지 않음이라.

赫赫忠貞承祖代　빛나는 충성과 곧은 절개는 조상이 내린 것이요
堂堂孝義效儒人　당당한 효성과 의리는 유학의 도를 본받은 것이라.

先親[1]校設贈敷地　돌아가신 아버지는 중학교를 세우는데 땅을 내어서

1　　　선친(先親)은 명하(明下) 신동현(申東鉉)으로, 충북 청원군 강내면 월곡리에서 태어났다. 1952년부터 9년간 강내면장을 역임하였다. 1954년에 강내면 현 미호중학교 부지 1만 평을 제공하여 개교할 수 있도록 하였으며, 1988년에 한국교원대부설 미호중학교로 개칭되었다. 이는 선친의 향리서당(鄕里書堂) 스승인 낙헌(樂軒) 이석영(李錫永) 공께서 일제강점기였던 1928년에 강내면 다락리 강내초등학교 부지를 제공하여 개교한 것과 더불어, 사제(師弟)간 아름다운 교학상장(敎學相長)의 정신을 보여준 사례라고 한다.

士子育英興學根	선비 자제의 학문을 일으키는 터전을 세우셨다.

三析極無看正得	무극과 음양 태극이 나누어진 바른 도를 터득하는데
衆難去歲萬年春	여러 가지로 어지럽게 보낸 세월이 만년이 지났구나.

[2022년 11월 5일 단사(丹史)]

  글을 마치면서 유학을 공부한 자식으로서 부모를 드러내는 것이 효도孝道의 마지막이라는 『효경孝經』의 "以顯父母이현부모 孝之終也효지종야"[2] 라는 구절을 선비의 마음으로 가슴에 새기고 살면서 다음과 같은 한시를 덧붙인다.

賀韓國敎員大附設美湖中學校開校六十週年
한국교원대부설 미호중학교 개교 60주년 축하

美中設立當時初	미호중학교를 설립할 당시 과정을 내가 들었을 때
先考孜孜攻有餘	나의 선친 명하明下 선생의 공이 크셨다고 한다.
喜捨萬坪成學舍	학교 부지 만 평을 내놓아 교실을 만드는 기초를 닦았고

---

2   身體髮膚受之父母, 不敢毀傷, 孝之始也. 立身行道, 揚名於後世 以顯父母 孝之終也. (『孝經』)

擊蒙群鳳出郊居	어리석음을 깨우친 훌륭한 인재를 만들어 키워냈다.
揚名後世面民誥	부모를 들어내고 이름을 남기는 것이 미호천 민의 가르침이요.
指向前途教師書	미래지향적인 학생을 가르치는 것이 선생님들의 지침이라.
卒業生徒回六十	미호중학교 졸업생 배출 60회를 축하하며
棟樑才士現徐徐	국가에 크게 이바지할 뛰어난 인재가 계속 나타나리라.

[2014년 10월 23일 단사(丹史)]

| 참고문헌 |

1. 원전자료
『논어(論語)』
『도덕경(道德經)』
『반야심경(般若心經)』
『서경(書經)』
『정역(正易)』
『주비산경(周髀算經)』
『중용(中庸)』
『효경(孝經)』
『환단고기(桓檀古記)』

2. 단행본, 논문
김재홍, 『정역(正易)과 산책』, 상생출판, 2019.
문광, 『탄허선사의 사교회통사상』, 민족사, 2020.
박대종, 「한국에서 발견된 갑골문자에 관한 연구-농은유집 천부경문을 중심으로」, 대종언어연구소, 2003.

3. 인터넷 자료
甲骨文合集(Oracle Bone); Internet Archive, https://archive.org
신성집, 〈천부경의 총체적 해설〉, 2006; https://blog.naver.com/koreadoc/110016721616에서 재인용.)
역학동; https://cafe.daum.net/2040
이상현 역, 〈題伽耶山讀書堂(제가야산독서당)〉; 한국고전종합DB, https://db.itkc.or.kr/
한국민족문화대백과사전, https://encykorea.aks.ac.kr/Article/E0076066

4. 기타 자료
국학원(國學院) 본원의 천부경 해설본
단군전(檀君殿) 선도문화 천부경비문
증산도(甑山道) 천부경 해설본